MERIAN *momente*

W0053416

AMSTERDAM

ANNETTE BIRSCHEL

Zeichenerklärung

  barrierefreie Unterkünfte
familienfreundlich
 Der ideale Zeitpunkt
 Neu entdeckt
 Faltkarte

Preisklassen

Preise für ein Doppelzimmer mit Frühstück:

€€€€	ab 150 €	€€€	ab 100 €
€€	ab 80 €	€	bis 80 €

Preise für ein dreigängiges Menü:

€€€€	ab 50 €	€€€	ab 40 €
€€	ab 30 €	€	bis 30 €

AMSTERDAM ENTDECKEN   4

AMSTERDAM ERLEBEN   20

AMSTERDAM ERKUNDEN 54

DAS UMLAND ERKUNDEN 130

AMSTERDAM ERFASSEN 136

KARTEN UND PLÄNE

AMSTERDAM ENTDECKEN

Die Grachten (▸MERIAN TopTen, S. 62) aus
dem 17. Jh. machen den Reiz der Stadt aus.

MEIN AMSTERDAM

Das Wasser, das Licht, die Freiheit – Amsterdam übt eine magische Anziehungskraft aus. Annette Birschel war schon beim ersten Radeln über die Grachten verzaubert. Sie will nie wieder weg. Amsterdam ist eine eigensinnige Stadt zum Verlieben.

»Job oder Liebe?«, fragte meine alte Tante nüchtern, als sie von der Nachricht überrascht wurde, dass ich in die Niederlande ziehen würde. Warum geht man denn sonst nach Holland? Tante Anneke musste das wissen, sie war schließlich Holländerin. In den 50er-Jahren hatte es sie nach Bremen verschlagen. »Wohin zieht sie denn?«, fragte sie meine leicht verwirrten Eltern neugierig. »Amsterdam«, sagten sie fast schon ängstlich, als erwarteten sie nun die ultimative Warnung vor dem Sündenpfuhl von Sex und Drogen. Doch nun nickte Tante Anneke zufrieden. Natürlich. Wohin denn sonst. Amsterdam ist ja auch nicht Holland. Natürlich hatte Tante Anneke Recht. Seit Hunderten von Jahren schon beweist die eigensinnige Hauptstadt, dass hier mehr geht als anderswo. Und gerade

◀ Das »fiets«, das Fahrrad, ist in Amsterdam
Fortbewegungsmittel Nr. 1.

deswegen übt diese Stadt eine ungeheure Anziehungskraft auf Millionen Menschen aus aller Welt aus.

Mich brachte die Liebe nach Amsterdam. Ausgerechnet in Australien war mir der Holländer über den Weg gelaufen. Er war nicht gerade der Brad Pitt aus dem Land der Deiche. Aber er hatte genau das, was wir Deutschen an den Niederländern so lieben. Er war locker. In seinen ausgelatschten Turnschuhen schien er fast durch die Welt zu hüpfen. Mit seinem stets verwuschelten Haar, das noch nie einer professionellen Schere begegnet war, sah er immer so aus, als wäre er gerade von einer Radtour zurückgekommen. Im Prinzip war meine Entscheidung schon damals in Downunder gefallen. Ich würde zu ihm in die Niederlande gehen. Das ist jetzt 18 Jahre her, und ich habe es nie bereut. Mit Omas gutem Tafelsilber und 30 Bücherkisten zog ich also nach Amsterdam. Ein neues Leben konnte beginnen. Ich hatte Mann, bald auch Kind und natürlich ein Fahrrad, ein »fiets«. Und als Journalistin konnte ich über all das berichten, was uns Deutsche an unseren Nachbarn so fasziniert.

Die Liebe zu dem Mann war zwar nicht von Dauer, doch die zur Stadt blieb. Wenn ich über die Grachten radele, links die alten Häuser, rechts das glitzernde Wasser, über mir die dramatischen Wolkengebilde am weiten Himmel, dann weiß ich: Amsterdam ist meine Stadt.

DER MAGNET AMSTERDAM

Jedes Jahr besuchen fünf Millionen Menschen die Metropole an den Grachten. Die historische Innenstadt, das Wasser, die Kunstschätze, aber auch die Lockerheit und Toleranz ziehen sie an wie ein Magnet. Das gilt auch für die Top-Attraktionen für Touristen: Grachten, Reichsmuseum, das Anne Frank Haus, das Van Gogh Museum, das Rotlichtviertel.

All das lieben im Übrigen auch Amsterdamer an ihrer Stadt. Und dahin gehe ich auch mit meinen Besuchern. Aber was heißt schon gehen. Amsterdam entdeckt man am besten mit dem Fahrrad. Es ist das schnellste und billigste Transportmittel. Also machen Sie es wie die Amsterdamer: Steigen Sie aufs »fiets«. Doch wenn Sie das leicht anarchistische Gewusel auf den Radwegen scheuen, dann macht das auch nichts. Diese Stadt kann man sich nämlich wunderbar erlaufen. Ein Spaziergang entlang der Grachten (nur nicht auf den Radwegen!) ist wunderbar romantisch. Und Sie können dann sehr gut die vielen Details sehen, die Giebelsteine, die etwas über die ersten Bewohner verraten, oder die traumhaften Interieurs in den historischen Kaufmannshäusern. Zum Glück haben Amsterdamer nur selten Gardinen, man kann also ruhig hineinschauen.

Auch die Grachtenrundfahrt gehört zu den Höhepunkten. Das ist natürlich sehr touristisch. Aber was soll's. Amsterdamer schauen sich die Stadt auch am liebsten vom Wasser aus an. Auf keinen Fall auslassen dürfen Sie einen Besuch des Reichsmuseums mit dem strahlenden Mittelpunkt: der »Nachtwache« von Rembrandt. Nicht nur dort, sondern auf Schritt und Tritt werden Sie erleben, wie sehr diese Stadt mit ihrer Geschichte lebt. Im Anne Frank Huis wird die Zeit der deutschen Besatzung lebendig. Der königliche Palast auf dem Dam ist das Symbol der stolzen und sehr reichen Bürgerstadt im 17. Jahrhundert. Denn ursprünglich war der Palast das Rathaus.

Auch ein Besuch auf den Wallen, dem Rotlichtviertel, gehört zu Amsterdam. Nur nicht gerade abends, wenn vor allem Horden von »blowenden«, (englischen) Junggesellen, sich durch die schmalen Gassen schieben. Aber auch dieses Viertel ist typisch für diese Stadt. Denn die offene Prostitution und die Coffeeshops, in denen man Haschisch legal kaufen kann, sind eine Folge der Toleranz. Sie beruht auf der pragmatischen Einsicht, dass Verbote und Restriktionen nur zu gesellschaftlicher Unruhe führen, die dem Handel schaden würde. Und Amsterdam ist schließlich eine Kaufmannsstadt.

DIE STADT DER GEGENSÄTZE

Ein ungeheures Freiheitsgefühl prägt das Zusammenleben in dieser Stadt seit Jahrhunderten. Verfolgte fanden hier immer eine Zuflucht. Bücher, die anderswo verboten waren, durften hier gedruckt werden. Wer anders lebt, denkt, glaubt oder liebt als der Durchschnittsbürger, wird hier in Ruhe gelassen. Früher wie heute. Menschen aus fast 180 Kulturen wohnen in dieser Stadt. Sie alle machen die Straßen und Märkte bunt. Manchmal treibt mich das Laissez-faire allerdings auch zum Wahnsinn. »Warum greift keiner durch?«, will ich rufen, wenn irgendwo mal wieder eine Baustelle nur schlampig gesichert ist.

Amsterdam ist eine Stadt der Gegensätze. Es kann manchmal unerträglich laut sein, wenn Gruppen von Studenten mit Ghettoblastern und Bierkisten durch die Grachten fahren. Andererseits ist es auf den vielen Terrassen am Wasser auch sehr gesellig. Dann wieder ist es melancholisch ruhig, im Viertel Plantage etwa mit seinen alten Bäumen. Der Grachtengürtel versetzt Sie zurück in das Goldene Zeitalter. Doch besuchen Sie auch die Inseln im Osten mit ihrer spektakulären modernen Architektur. Dort auf den Brücken stehe ich oft, schaue auf das weite Ijmeer und die großen Kähne und lausche der einzigartigen Melodie dieser Stadt: dem Quietschen der Straßenbahnen, den Glockenspielen der alten Kirchen, dem Geschrei der Möwen.

An den Wochenenden sollten Sie das Rotlichtviertel und den Damrak-Boulevard beim Hauptbahnhof meiden. Das Gedränge und Gejohle ist zu groß und alles riecht nach Fritten, Joints und Bier. Am Leidseplein und Rembrandtplein aber, den Ausgehvierteln, gibt es viele Theater, Restaurants und Cafés, die auch bei Amsterdamern angesagt sind – und das nicht nur bei der Jugend.

DAS HERZ VERLIEREN

Wer nur ein Wochenende in der Stadt ist, sollte keine Angst vor typischen Touristenaktivitäten haben. Also rauf aufs Boot und durch die Grachten fahren. Aber lassen Sie sich auch mit der Fähre hinterm Hauptbahnhof ans andere Ufer in den Norden übersetzen. Von der Terrasse des Filmmuseums Eye aus genießen Sie die grandiose Aussicht und haben dazu auch noch gratis eine Bootsfahrt. Wenige Schritte neben dem Reichsmuseum können Sie im Van Gogh Museum einen Blick auf die Sonnenblumen des Meisters werfen.

Ein Bummel durch den Jordaan gehört genauso zu einem Besuch wie das »kopje koffie« in einem Grand Café. Dann bleibt immer noch genügend Zeit zum Schoppen in den Negen Straatjes, den neun Sträßchen hinter dem Dam. Und am Abend setzen Sie sich zu den Amsterdamern in einem der vielen »bruin Cafés«. Dort erleben Sie die berühmte Gesellligkeit. Bei »biertje« und »bitterballen« kommen Sie schnell ins Gespräch. Und wenn Sie abends zurück in Ihr Hotel schlendern, die vielen Lichter im Wasser der Grachten glitzern und die Stadt in ein magisches Licht hüllen, summen Sie vielleicht auch schon die heimliche Hymne der Stadt: »An den Amsterdamer Grachten habe ich für immer mein Herz verloren.«

DIE AUTORIN

Annette Birschel (53) lebt und arbeitet in Amsterdam. Seit 18 Jahren schreibt sie für deutsche Medien, unter anderem den WDR, Radio Bremen und dpa über Máxima und Matjes, Hasch und Huren, Fußball und Fietsen – und natürlich Amsterdam. Täglich entdeckt sie neue idyllische Ecken oder verrückte Läden. Über ihre Abenteuer in Amsterdam schrieb sie drei Bücher, zuletzt »Mordsgouda. Als Deutsche unter Holländern«, das bei Ullstein erschienen ist.

MERIAN TopTen

Diese Höhepunkte sollten Sie sich bei Ihrem Besuch auf keinen Fall entgehen lassen: Ob Grachten, Rijksmuseum oder Vondelpark – MERIAN präsentiert Ihnen hier die wichtigsten Sehenswürdigkeiten Amsterdams.

1 Dam
Der historische Platz im Zentrum ist Schauplatz der großen Momente der Monarchie (▶ S. 62).

2 Grachten
Der Grachtengürtel mit den charakteristischen schmalen Häusern gehört zum Weltkulturerbe der UNESCO und ist ein sehr beliebtes Wahrzeichen der Stadt (▶ S. 62).

3 Jordaan
Das einstige Viertel der kleinen Leute ist mit seinen verwinkelten Gässchen das viel besungene Herz der Amsterdamer Geselligkeit (▶ S. 62).

4 De Wallen
Berühmt und berüchtigt ist das älteste Viertel der Stadt: Huren in rot erleuchteten Fenstern, Coffeeshops und Chinatown (▶ S. 64).

5 Vondelpark
Die grüne Oase Amsterdams. Mit seinen Wasserspielen, den alten Bäumen und den weiten Grünflächen ist er Treffpunkt für alle (▶ S. 88).

6 Anne Frank Huis
Das Hinterhaus ist weltweit Symbol gegen Rassismus. Hier lebte Anne Frank versteckt vor den Nazis und schrieb ihr weltberühmtes Tagebuch (▶ S. 116).

⭐7 Eye

Wie ein großes weißes Auge lugt das
futuristische Gebäude des Filmmuseums über dem Wasser hinter dem
Hauptbahnhof hervor(▶ S. 117).

⭐8 Hermitage Amsterdam

Die Schätze der Zaren sind im früheren Wohnstift für alte Damen ausgestellt. Die einzige Dependance der Eremitage aus St. Petersburg liegt gleich
gegenüber der Holzbrücke Magere
Brug (▶ S. 118).

⭐9 Rijksmuseum

Die Schatzkammer der Niederlande ist
eine wundervolle Kathedrale für die
alten holländischen Meister, vor allem
für Rembrandt und sein Prunkstück:
»Die Nachtwache« (▶ S. 120).

⭐10 Van Gogh Museum

Nirgendwo auf der Welt hängen mehr
Gemälde von Vincent van Gogh beiei-
nander: von den Frühwerken wie »Die
Kartoffelesser« bis zu den berühmten
Sonnenblumen (▶ S. 121).

MERIAN Momente
Das kleine Glück auf Reisen

Oft sind es die kleinen Momente auf einer Reise, die am stärksten in Erinnerung bleiben – Momente, in denen Sie die leisen, feinen Seiten der Stadt kennenlernen. Hier geben wir Ihnen Tipps für kleine Auszeiten und neue Einblicke.

1 Flanieren an der Amstel ⚓ F4

Amsterdam hat nicht nur Grachten. Wie wär's mit einem Picknick an der Amstel? Flanieren Sie von der Hermitage aus in Richtung Süden entlang der Uferpromenade und schauen Sie auf die Segel- und Ruderboote, die auf dem breiten Fluss vorbeiziehen. Bei der Berlagebrücke setzen Sie sich auf eine Bank an der Amstel. Am Ufer dümpeln kleine Luxusvillen auf dem Wasser, denn hier sind die Wohnboote chic. Irgendwann öffnet sich wie von Geisterhand die große Brücke, um die Schiffe durchzulassen. In der Abenddämmerung ist es am schönsten.

Centrum | Metro, Tram: Waterlooplein

2 Auszeit im Begijnhof ⚓ E3

Mitten in der quirligen City liegt diese Oase der Ruhe. Vor fast 700 Jahren bezogen die ersten katholischen Frauen die kleinen Häuschen um einen kleinen Innenhof. Das »hofje« mit Rosengärtchen und Kapelle war damals eine Insel. Heute führt ein altes Tor direkt in den Garten. Auf der anderen Seite liegt der Platz Spui. Jeden Freitag können

Sie dort auf dem kleinen Büchermarkt nach Raritäten stöbern.

Centrum | Begijnhof 30 | Tram: Spui | www.begijnhofamsterdam.nl | tgl. 8–17 Uhr

Glockenspiel Westerkerk

D2

»Tulpen aus Amsterdam« oder Beethovens fünfte Symphonie. Das Konzertprogramm der Glockenspieler der ehrwürdigen Westerkerk ist stets eine Überraschung und immer exquisit. Alle 15 Min. hört man eine kleine Kostprobe. Jeden Dienstag um 12 Uhr gibt der Meister-Glockenspieler Boudewijn Zwart ein Gratis-Konzert. Setzen Sie sich auf die Stufen beim Homomonument an der Keizersgracht, das an die in den Konzentrationslagern ermordeten Schwulen und Lesben erinnert, und lassen Sie sich von den Klängen des alten Glockenspiels bezaubern.

Centrum, Prinsengracht 281 | Tram: Westermarkt | www.westerkerk.nl

Mini-Kreuzfahrt auf dem Ijmeer
F2

Eine Grachtenrundfahrt ist alle Mal schön. Aber wie wär's mit einer Mini-Kreuzfahrt, noch dazu gratis? Steigen

Sie hinterm Hauptbahnhof auf die Fähre zur NDSM-Werft. 15 Min. lang schippern Sie zwischen großen Frachtkähnen und Segelbooten auf dem Ijmeer immer Richtung offene See. Der Wind bläst kräftig, und die Möwen schreien. Nach links haben Sie einen fantastischen Blick, und weil Seeluft hungrig macht, holen Sie sich am Anleger auf der Werft ein paar köstliche Öko-Fritten. Auf dem Rückweg kommen die alten Türme der Stadt immer näher. Das ist abends besonders magisch. Die letzte Fähre legt gegen Mitternacht ab, am Wochenende um 1 Uhr.

Centrum | De Ruyterkade | Metro, Tram: Centraal Station | www.ndsm.nl/bereikbaarheid | gratis

Frühstück am Noordermarkt
E2

Mal was anderes als das Frühstücksbuffet im Hotel: Samstagmorgen ist Bio-Markt rund um die alte Noorderkerk. Decken Sie sich mit frischem Brot und Käse ein und schlendern Sie in den Jordaan. Irgendwo ist sicher ein Bänkchen frei. Aber stoppen Sie vorher noch beim Café Winkel 43 am Noordermarkt. Der Apfelkuchen ist legendär.

Centrum | Noordermarkt | Bus, Tram: Nieuwe Willemsstraat | www.boeren marktamsterdam.nl | Sa 9–16 Uhr

6 Aussicht vom Muziekgebouw $\blacksquare$ G2

Morgens, oft noch bevor die Stadt erwacht, gleiten die gigantischen Kreuzfahrtschiffe heran. Gleich neben dem Muziekgebouw, einer der schönsten Konzerthallen für moderne Musik, legen die schwimmenden Hotels an. Höher als die Herbergen und Terminals aus Glas und Stahl am Ufer. Von der Terrasse aus können Sie den strahlend weißen Bug fast schon anfassen. Wer kein Frühaufsteher ist, kann den Reisenden von hier aus abends beim Abschied zuwinken, mit einem Glas Prosecco in der Hand.

Centrum | Piet Heinkade 1 | Tram: Muziekgebouw Bimhuis

7 Romantischer Friedhof $\blacksquare$ B6

Lassen Sie sich von einem der romantischsten Orte in Amsterdam bezaubern. Der verwunschene alte Friedhof Huis Te Vraag (»Haus gesucht«) am Fluss Schinkel ist heute ein Kulturdenkmal. Hinter dem schmiedeeisernen Tor beginnt eine Idylle. Kleine Pfade schlängeln sich um die von Efeu überwucherten Grabsteine und Skulpturen. Setzen Sie sich auf eine Bank, schalten Sie das Handy aus und genießen Sie die Stille.

Zuid | Rijnsburgstraat 51 | Bus: Aalsmeerplein | www.huistevraag.nl | Mo–Sa-11–17, So 11–14

8 Freilufttheater im Vondelpark $\blacksquare$ C5

Es muss ja nicht immer eine überfüllte und lärmige Terrasse an der Gracht sein. Ziehen Sie mit einer Flasche Wein und etwas altem Gouda in den Vondelpark. Lassen Sie sich aufs Gras unter die alten Bäume fallen, Schuhe aus, und erleben Sie das bunte Amsterdam. Hier kommt garantiert jeder mal vorbei: Rollend, rennend oder natürlich radelnd. Im Sommer können Sie im Freilufttheater gratis Vorstellungen genießen: Jazz, Klassik, Theater oder modernen Tanz.

Zuid | Tram: Van Baerlestraat, Jacob Obrechtstraat/Willemsparkweg | www.openluchttheater.nl | Eintritt frei

9 Leinwände auf der Museumsstraße $\blacksquare$ E3

Von der lauten Einkaufsmeile Kalverstraat aus führt eine kleine überdachte Gasse zum Amsterdam Museum. Es ist eine der wenigen frei zugänglichen Museumsstraßen der Welt. Hier posieren die wohlhabenden Bürger der Stadt auf übergroßen Leinwänden, so wie sie sich im 17. Jh. selbst gerne sahen: als Mitglieder der Schützengilde. Aber auch die Stars und Promis von heute lieben das Posieren. Schlendern Sie entlang der kleinen feinen Auswahl dieser Porträts von 1530 bis 2007. Von den einstigen Regenten bis zu den heutigen Stars, von den Spielern von Ajax Amsterdam bis zu berühmten Ballett-Choreografen. Am Ende sagen Sie dem Riesen von Amsterdam guten Tag: Goliath. Drei Meter lang und aus Holz. Er war schon im Goldenen Zeitalter eine Attraktion im Vergnügungspark der Kaufleute – und er kann mit den Augen rollen.

Centrum | Durchgang bei Kalverstraat 92 oder beim Begijnhof | Tram: Spui | www.amsterdammuseum.nl | tgl. 10–17 Uhr

10 Fietsen unterm Rijksmuseum D 4

Welches Museum hat schon einen Fahrradtunnel? Das »Rijks« natürlich, und darauf sind die Amsterdamer stolz. Also steigen Sie aufs Rad und radeln Sie unter dem Reichsmuseum hindurch von der alten Stadt bis auf den Museumsplatz. Durch die verglasten Seitenwände schauen Sie direkt in die moderne Eingangshalle. Musik gibt es gratis: Unter dem alten Gewölbe spielen Musiker mal Jazz, mal Klassik. Kurz vor dem Ende des Tunnels müssen Sie einmal kurz nach oben schauen. Genau über Ihnen hängt »Die Nachtwache« von Rembrandt.

Zuid | Museumplein | Tram: Museumplein, Van Baerlestraat | www.rijksmuseum.nl

11 Kaffeepause auf der Nemo-Terrasse G 2

Wie der Bug der »Titanic« liegt, gleich beim Hauptbahnhof, das futuristische Technikmuseum Nemo im Wasser. Steigen Sie aufs schiefe Dach und genießen Sie bei einem »kopje koffie« und einem Käsebrötchen auf der Terrasse den atemberaubenden Blick auf die alte Stadt. Im Sommer können Sie im kleinen Wasserfall die heißen Füße kühlen. Nach dem Abstieg drehen Sie noch eine Runde durch den Museumshafen. Historische Frachtschiffe und Segelboote ankern rund um Nemo.

Centrum | Oosterdok 2 | Bus: IJ tunnel, Kadijksplein | www.e-nemo.nl | Sommer tgl. 10–19 Uhr

NEU ENTDECKT
Darüber spricht ganz Amsterdam

Amsterdam befindet sich stetig im Wandel: Sehenswürdigkeiten werden eingeweiht, es gibt neue Museen, Galerien und Ausstellungen, Restaurants und Geschäfte eröffnen, und ganze Stadtviertel gewinnen an Attraktivität, die Stadt verändert ihr Gesicht. Hier erfahren Sie alles über die jüngsten Entwicklungen – damit Sie keinen dieser aktuell angesagten Orte verpassen.

◄ Wer in einem schwimmenden Haus in Ijburg (▶ S. 17) lebt, braucht auch ein Boot.

SEHENSWERTES
Ijburg ▶ Karte S. 133, b 2
Das neueste Wohnviertel Amsterdams für 18 000 Bewohner besteht aus mehreren künstlich aufgeschütteten Inseln mitten im Ijmeer. Vor allem junge Familien leben in den großen Wohnungen mit dem Anleger gleich vor der Tür. Toll sind die Wasservillen und die schwimmenden Häuser.

Oost | Tram: Vennepluimstraat | http:// amsterdambythesea.blogspot.nl

ÜBERNACHTEN
Casa 400 ◢ G 6
Preisgekröntes Konzept – Einerseits ein Studentenwohnheim, allerdings 2.0: voll eingerichtete Apartments in modernem Design. Andererseits ein Hotel. Von Juni bis Oktober werden zusätzlich auch die Studentenbuden vermietet. Während die Studenten aber selbst aufräumen müssen und in der eigenen Lounge chillen, erwartet den Gast aller Service und Komfort.

Oost | Eerste Ringdijkstraat 4 | Bus, Tram: Amstelstation | Tel. 6 65 11 71 | www.hotelcasa400.nl | 151 Zimmer | ♿ | €€

ESSEN UND TRINKEN
Baut ◢ G 5
Trendy und fein – Kulinarischer Hotspot im ehemaligen Zeitungsviertel. Amsterdamer reservieren lange im Voraus, nicht nur wegen des Industriedesigns der 70er-Jahre. Ideal für ein Essen mit Freunden oder Geschäftspartnern. Für das erste Date mit einer neuen Liebe ist es vielleicht zu laut.

Oost | Wibautstraat 125 | Tram: Wibautstraat/Ruyschstraat, Amsteldijk | Tel. 4 65 92 60 | http://bautamsterdam. nl | So–Do 11–1, Fr, Sa 11–3 Uhr | €€

De Culinaire Werkplaats ◢ D 1
Bio-Kreationen – Designstudio, Restaurant, Delikatessenladen, Galerie, Kochstudio… In ihrer kulinarischen Werkstatt kreieren Eric und Marjolein täglich neue Gerichte und Produkte. Pesto mit roten Rosen oder Zitronen-Lavendel-Sirup etwa. Übrigens auch ein nicht alltägliches Mitbringsel. Alles ist biologisch und Fair Trade.

West | Fannius Scholtenstraat 10 | Tram: Nassaukade | Tel. 06 54 64 65 76 | www.deculinairewerkplaats.nl | Fr, Sa 18–22 Uhr | Reservierung empfohlen! | €€€

Loetje ◢ nördl. F 1
Steak und Fritten – Kaum war Loetje am Nordufer eröffnet, strömte Amsterdam dorthin. Und das nicht allein wegen der sensationellen Aussicht aufs Wasser. In dem Pavillon fast ganz aus Glas, mit viel Holz und etwas Stahl gibt es »the best steak in town« – sagen die Kenner.

Noord | Werfkade 14 | Fähre: Richtung NDSM, Bus: Ataturk, Stenendokweg | Tel. 2 08 80 00 | http://loetjeaantij.loetje. com | tgl. 7–22.30 Uhr | €

Mercat ◢ H 2
Hipper Spanier – Eine Markthalle wie in Barcelona. Man trifft sich zu Tapas und Pinchos in der wahnsinnigen Industriehalle an der Bar. Doch die langen Tische sind auch ideal für ein gemütliches endloses Paella-Essen mit Freunden oder der Familie.

Oost | Oostelijke Handelskade 4 | Tram: Rietlandpark, Het Funen | Tel. 3 44 64 24 | www.mercat.nl | So–Do 11–1, Fr 11–2, Sa 11–2 Uhr | €

Pompstation   🚋 H 4

Industriell funky – Ein Hauch von New York: Steak oder Austern in einer alten Kläranlage mit einer tollen industriellen Atmosphäre. Aber sicher nicht kühl, dank der großen Lampen und gemütlichen Holztische. An den Wochenenden treten Jazz- und Funkbands auf.

Oost | Zeeburgerdijk 52 | Tram: Zeeburgerdijk | Tel. 6 92 28 88 | www.pompstation.nu | Di–Do 17–1, Fr, Sa 17–2 Uhr | €

Riva   🚋 G 6

Unaufdringlich elegant – (Jung-)Manager vom nahe gelegenen Geschäftsviertel entdeckten es als Erste: Der moderne mehreckige Glaspavillon an der Amstel ist ideal für einen Business-Lunch oder den Drink nach der Arbeit. Vor allem auf der wahnsinnigen Terrasse direkt an der Amstel. Doch bald war es auch die feste Adresse für Medienleute und Intellektuelle der City.

Denn hier hat man beim Abendessen von der roten Lederbank aus freien Blick auf den Fluss. Das Riva ist unaufdringlich elegant, aber nicht zu chic.

Oost | Amstelboulevard 1 | Tram: Amsteldijk | Tel. 7 60 20 30 | www.cafe restaurantriva.nl | Mo–Fr 11–1, Sa, So 12–1 Uhr | €€

Vinnies Deli   🚋 E 2

Entspannt – Relaxed essen und Kaffee trinken. Im neuen Hotspot an der trendy Haarlemmerstraat schlürfen Nachbarn auf Vintage-Designerstühlen ihren Kaffee. Aber auch Geschäftsleute treffen sich zum Lunch. Die Preise sind üppig (rund 4 € für ein Sandwich), aber die Portionen sind es auch. Und im Viennies Deli ist alles biologisch und selbst gemacht.

Centrum | Haarlemmerstraat 46-s | Tram: Martelaarsgracht, Centraal Station | Tel. 7 71 30 86 | www.vinniesdeli. nl | Mo–Fr 7.30–18, Sa, So 9.30–18 Uhr | €

Wijncafe Worst   🚋 nördl. E 1

Trendy rustikal – Wein und Wurst passen wunderbar zusammen. Das beweist Worst. Bewohner des Viertels, aber auch Intellektuelle und Leckermäuler kommen nicht etwa für eine einfache Bratwurst, sondern für die selbst gemachten Schinken, Patés und Charcuterie. Man kann ein Häppchen bei einem guten Glas Wein bestellen, wie in einer klassischen Weinbar eben, oder groß dinieren. Nur Freitag und Samstag abends wird erwartet, dass die Gäste auch essen.

West | Barentszstraat 171 | Tram: Zoutkeetsgracht | Tel. 6 25 61 67 | http://de worst.nl | Di–Sa 16–0, So 10–22 Uhr | €

EINKAUFEN

Cottoncake   ⚑ E 5

Kunst, Kaffee, Kleider: Tessa und Jorinde verkaufen in ihrem kleinen Laden im Viertel De Pijp alles, was sie schön finden – und was sie auf ihren Reisen rund um die Welt entdecken. Balinesische Baumwoll-Plaids oder schwedische minimalistische Kleider. Aber man kann sich auch zum faulen Sonntagbrunch mit selbst gemachtem Kuchen treffen.

Zuid | Eerste van der Helststraat 76-hs | Tram: Ceintuurbaan/Ferdinand Bolstraat, Albert Cuypstraat, Tweede van der Helststraat | http://cottoncake.nl | Mo–Fr 10–18.30, Sa 10–17.30, So 11.30–17.30 Uhr

Hutspot   ⚑ F 5

Laden, Café, Ad-hoc-Büro für Freelancer, Barbier: Hutspot ist alles in einem. Direkt an der Van Woustraat bietet dieser Laden Platz für Designer, Künstler und Leuten mit guten Ideen. Das Angebot wechselt ständig.

Zuid | Van Woustraat 4 | Tram: Ceintuurbaan/Van Woustraat, Ferdinand Bolstraat | www.hutspotamsterdam.nl | Mo–Sa 10–19, So 12–18 Uhr

Koko Coffee&Design   ⚑ E 3

An dem unauffälligen Mini-Laden mitten im Rotlichtviertel kann man vorbeilaufen. Was aber sehr schade wäre. Denn das leicht chaotische Koko bietet die charmante Kombination aus gutem Kaffee und Mode, Design und Kunst. Und, nicht zu vergessen, köstliche Kuchen! Kreative und Kaffee-Fans trinken hier ihren Creamy Latte, bewundern nebenher die Bilder junger Amsterdamer Maler oder probieren ein lässiges T-Shirt an.

Centrum | Oudezijds Achterburgwal 145 | Tram: Dam | www.ilovekoko.com | Di–Fr 9–18.30, Sa 10–18, So 12–18 Uhr

⚑ Weitere Neuentdeckungen sind durch dieses Symbol gekennzeichnet.

Wenn das Wetter mal nicht gut genug für die großartige Sonnenterrasse ist, kann man es im Café-Restaurant Riva (▶ S. 18) auch drinnen sehr gut aushalten.

AMSTERDAM
ERLEBEN

In Amsterdam trifft man sich gern nach der
Arbeit auf ein Glas (▶ S. 28).

ÜBERNACHTEN

Übernachtungsmöglichkeiten gibt es in Amsterdam in jeder Preisklasse und Lage. Romantik an der Gracht? Edles Designhotel? Oder lassen Sie sich lieber auf einem Botel vom Wasser sanft in den Schlaf wiegen? Sie haben die Qual der Wahl.

Übernachten in Amsterdam kann ein teures Vergnügen sein. Die Hotelpreise gehören zu den üppigsten in Europa, vor allem an den Wochenenden. Und oft gilt ein Mindestaufenthalt von zwei Nächten. Der angegebene Preis bezieht sich meist auf das Zimmer, das Frühstück ist nicht immer enthalten, und hinzu kommt noch eine Touristensteuer von 5,5 Prozent. Nicht immer bestimmt der Komfort auch den Preis, vielmehr entscheidet die Lage. Unterkünfte an einer lauschigen Gracht sind beliebt und daher leider auch kostspielig. Wer weniger mobil ist, sollte beachten, dass so ein jahrhundertealtes idyllisches Grachtenhaus seine Nachteile hat. Die Treppen sind oft so steil, dass sie in anderen Teilen der Welt eher als Leitern durchgehen. Die Zimmer können sehr klein sein und so mancher Gast starrte schon verdutzt auf das Bad, das eher die Größe eines IKEA-Kleiderschranks hatte.

◀ Im Hotel Pulitzer (▶ S. 24) schaut man vom Zimmer auf die Prinsengracht.

Sehr romantisch ist natürlich eine schwimmende Herberge, ein »Botel«. Keine Angst: Sie können nicht wegschwimmen. Die Wohnboote sind fest verankert und meist mit allem Komfort ausgestattet (www.apartments-houseboats-amsterdam.com). Meiden sollte man die Billighotels rund um den Hauptbahnhof. Die Kaschemmen von höchst zweifelhaftem Ruf sind bei jungen Coffeeshop-Touristen sehr beliebt.

GÜNSTIGERE MÖGLICHKEITEN

Weil die Stadt gut mit öffentlichen Verkehrsmitteln oder natürlich dem Fahrrad zu erkunden ist, kann auch ein Hotel oder Bed & Breakfast in einem anderen Stadtteil eine gute und oft preiswertere Alternative sein. Auch diese Unterkünfte werden von den zentralen Reservierungszentralen des Tourismusverbandes vermittelt (www.iamsterdam.com).

BESONDERE EMPFEHLUNGEN

Camping Zeeburg ⚑ westl. H 3
Romantisch im Zirkuswagen – Der Campingplatz hat einen legendären Ruf weltweit. Doch wo bisher nur junge Globetrotter ihre Zelte aufschlugen, hört man heute Rollkoffer auf den Wegen. Auf der kleinen Insel im Osten der Stadt direkt am Ijmeer kann man Zelten anders erleben: zum Beispiel in einem romantisch bunten Zirkuswagen oder in einer der neuen hippen Eco-Hütten. Nichts für Anspruchsvolle, aber ein fröhliches Abenteuer allemal. Oost | Zuider IJdijk 20 | Tram: Zuiderzeeweg/Piet Heintunnel | Tel. 6 94 44 30 | www.campingzeeburg.nl | 36 Wagen | ♿ | €

Casa 400 🚩 ⚑ G 6
Preisgekröntes Konzept – Einerseits ein Studentenwohnheim, allerdings 2.0: voll eingerichtete Apartments in modernem Design. Andererseits ein Hotel. Von Juni bis Oktober werden zusätzlich auch die Studentenbuden vermietet. Während die Studenten aber selbst aufräumen müssen, erwartet den Gast aller Service und Komfort. Oost | Eerste Ringdijkstraat 4 | Bus, Tram: Amstelstation | Tel. 6 65 11 71 | www.hotelcasa400.nl | 151 Zimmer | ♿ | €€

The College Hotel ⚑ D 5
Trendy und stilvoll – In dieser renovierten alten Schule aus dem 19. Jh. lernen Studenten der Hotelfachschule. Sie servieren in der früheren Gymnastikhalle leichte Gerichte der modernen holländischen Küche und machen die Betten in den alten Klassenräumen – die sind aber heute sehr elegant und stilvoll. In der schicken Hotelbar nippen Amsterdamer ihren Cocktail. Zuid | Roelof Hartstraat 1 | Tram: Roelof Hartplein | Tel. 5 71 15 11 | www.the collegehotel.com | 40 Zimmer | €€€

The Exchange ⚑ E 2

Märchenhafte Mode – Architektur trifft Mode. Eine überraschende Kombination. Alle Zimmer im The Exchange wurden von jungen Modedesignern »angezogen«, sodass die Gäste modisch einschlafen und auch sehr stilvoll wieder aufwachen können. Und das auch noch für (fast) jeden Geldbeutel. Denn hier gibt es Zimmer von einem bis fünf Sternen.

Centrum | Damrak 50 | Tram: Dam, Centraal Station | Tel. 5 23 00 80 | www.hoteltheexchange.com | 61 Zimmer | €€€€–€

Hotel Arena ⚑ G 4

Eigensinnig hip – Das ehemalige Waisenhaus im Osten der Stadt ist nicht nur eine elegant-hippe Herberge, sondern auch Treffpunkt und Kulturzentrum mit einem eigenen Club. Atemberaubend ist der Konferenzsaal in der alten Kapelle mit hohen Decken und bunten Kirchenfenstern. In dem lauschigen Garten vergisst man bei einem Glas Wein und einem Häppchen den Trubel der Stadt.

Oost | 's-Gravesandestraat 51 | S-Bahn: Korte 's-Gravesandestraat, Alexanderplein, Beukenweg | Tel. 8 50 24 00 | www.hotelarena.nl | 116 Zimmer | €€€

Hotel Notting Hill ⚑ F 5

Klassisch gediegen – Ein Hauch von modernem Design. Es liegt günstig zur Amstel, zum quirligen Viertel De Pijp und auch zu den Grachten kann man laufen.

Centrum | Westeinde 26 | Tram: Stadhouderskade | Tel. 7 00 60 41 | www.hotelnottinghill.nl | 71 Zimmer | €€€

Hotel Pulitzer ⚑ D 3

Hauch von Hollywood – Mitten in den trendy Negen Straatjes wurden 25 historische Grachtenhäuser aus dem 17. und 18. Jh. genial zu einem fantastischen Hotel verbunden. Die Zimmer sind liebevoll und mit viel Luxus ausgestattet. Kein Wunder, dass Hollywood es als Kulisse für den Kassenknüller »Ocean's 12« mit George Clooney und Brad Pitt entdeckte.

Centrum | Prinsengracht 315 | Tram: Westermarkt | Tel. 5 23 52 35 | www.hotelpulitzeramsterdam.nl | 230 Zimmer | €€€€

Hotel Sir Albert ⚑ E 5

Englisch aristokratisch – Sir Albert empfängt die Besucher wie Gäste auf seinem englischen Landsitz. In dem Ambiente eines ehrwürdigen Londoner Clubs wird der Service großgeschrieben. Es herrscht gediegener Charme – doch mit dem Komfort von heute. Gäste nippen an ihren Drinks am Kamin oder sie sitzen in der Bibliothek und lesen Zeitung auf dem iPad. Und vor der Tür des Hotels herrscht das bunte Treiben des berühmten Albert Cuypmarkt.

Zuid | Albert Cuypstraat 2–6 | Tram: Ruysdaelstraat | Tel. 3 05 30 20 | www.siralberthotel.com | 90 Zimmer | €€€

Hotel Toren ⚑ E 2

Theatralische Stimmung – In diesem Haus an der Gracht lebt die Geschichte: Eine vornehme Kaufmannsfamilie baute sich das Haus 1618 als standesgemäße Residenz. Später war es Wohnort eines berühmten Politikers, im Zweiten Weltkrieg diente das Haus jüdischen Bürgern als Versteck vor den Nationalsozialisten. Heute sorgen dunkle Stoffe und warme Tapeten in den edlen Zimmern für eine theatralische, fast schon geheimnisvolle Stimmung.

Centrum | Keizersgracht 164 | Tram: Westermarkt | Tel. 6 22 63 52 | www.thetoren.nl | 37 Zimmer | €€€€

Hotel Wiechmann D3

Romantisch an der Gracht – Frühstücken mit Blick auf die Gracht: Stilvoller kann ein Morgen in Amsterdam kaum beginnen. Die Zimmer und Dachstübchen von mehreren alten Grachtenhäusern sind sehr liebevoll ausgestattet. Über Generationen hat die Familie Wiechmann das Hotel mit ihren verschiedenen Privatsammlungen eingerichtet. Zum Jordaan und zur Shoppingmeile Negen Straatjes ist es nur ein Katzensprung.

Centrum | Prinsengracht 328–332 | Tram: Prinsengracht | Tel. 6 26 33 21 |

www.hotelwiechmann.nl | 37 Zimmer | €€€

Lloyd Hotel H2

Kunst mit Seeblick – In dem früheren Hotel für Auswanderer aus den 20er-Jahren kann man das Meer fast schon riechen. Das Lloyd ist eine Institution direkt im hippen östlichen Hafengebiet. Bekannte Designer haben die Zimmer gestylt, jedes anders. Ein Fest für Kunstliebhaber sind die regelmäßigen Ausstellungen des Hauses. Es gibt Zimmer für den kleineren Geldbeutel und solche mit 5-Sterne-Luxus.

Oost | Oostelijke Handelskade 34 | Tram: Rietlandpark | Tel. 5 61 36 36 | www.lloydhotel.com | 117 Zimmer | €€€€–€€

Preise für ein Doppelzimmer mit Frühstück:

€€€€	ab 150 €	€€€	ab 100 €
€€	ab 80 €	€	bis 80 €

Geschmackvoll eingerichtet: In den Zimmern des Hotels Notting Hill (▶ S. 24) hat der Innenarchitekt Wim Hoopman Materialien, Möbel und Licht stilsicher kombiniert.

ESSEN UND TRINKEN

In Amsterdam steht die Welt am Kochtopf: 180 Kulturen haben auch ihre kulinarischen Spuren hinterlassen. Ein Fest für Feinschmecker. Für Freunde der schnellen Küche gibt es köstliche Häppchen: Kroketten und »bitterballen« – superlecker!

Die Niederländer sind nicht gerade für eine gehobene Küche bekannt. Zu diesem Ruf haben sicher auch die geschmacksneutralen Tomaten beigetragen. Und dann halten sich unsere Nachbarn auch nicht gern mit Kochen auf. Schnell muss es gehen, einfach und vor allem frittiert. Aber vergessen Sie alle Vorurteile. In Amsterdam können Sie wunderbar essen. Die rund 180 Kulturen, die sich hier tummeln, haben nämlich auch ihre kulinarischen Spuren hinterlassen.

Längst sind die Speisen der früheren Kolonien fester Bestandteil der niederländischen Küche: »Bami«, »Nasi« oder »Saté« und natürlich »Pindakaas«. Die Erdnussbutter schmieren sich die Niederländer nicht nur aufs Brot, sondern essen sie auch als scharf gewürzte Soße zu ihren geliebten Fritten. Die indonesische Küche hat natürlich viel mehr Köstliches zu bieten. Wer sich nicht entscheiden kann, der sollte sich auf keinen Fall die

◄ Durch die große Glasfront des Café De
Jaren (▶ S. 28) hat man einen schönen Blick.

Reistafel entgehen lassen. Viele kleine Schälchen mit feinen Häppchen kommen dann auf den Tisch.

DAS »KOPJE KOFFIE« GEHÖRT DAZU

Der Amsterdamer hält sich nicht lange beim Frühstück auf. Schlappes Brot mit Schokostreuseln oder Erdnussbutter, das war es. Auch der traditionelle Mittagstisch, ein Käsebrot und ein Glas Milch, ist eher mager. Allerdings haben sie wunderbaren Käse, den Frau Antje leider nicht nach Deutschland bringt. Friesischer Nelkenkäse etwa oder den ururalten Gouda – so hart wie Parmesan und super aromatisch.

Inzwischen bieten die Lunchcafés und Restaurants eine reichhaltige Auswahl von »broodjes«, belegten Brötchen, an. Dazu trinkt man Kaffee zu jeder Tages- und Nachtzeit. Das »kopje koffie« gehört einfach dazu. Typisch für Amsterdam sind die Grand Cafés, in denen Literaten, Künstler und andere Cafébesucher Zeitung lesen oder sich zum Debattieren treffen. Übrigens besucht man einen Coffeeshop nicht wegen des Kaffees, sondern weil hier Haschisch und Marihuana legal zu kaufen sind. Und ein Café kann Kneipe aber auch ein Café-Restaurant sein, dann heißt es oft »eetcafé«.

Die Hauptmahlzeit der Niederländer aber ist das Abendessen. Das ist oft deftige Hausmannskost aus Kartoffeln, Gemüse und Fleisch. Wenn es kalt geworden ist, stampfen sie das alles gern noch zu ihrem geliebten »stamppot« zusammen. Das ist gewöhnungsbedürftig, kann aber sehr lecker sein.

GESTAMPFTES UND FRITTIERTES

Vor allem aber sind die Niederländer Weltmeister der schnellen Küche: Fastfood und Fertiggerichte. In Amsterdam können sie die fetten Happen auch zu fast jeder Tages- und Nachtzeit heiß aus dem Automaten ziehen. Der Renner sind die »frikandellen«. Das sind undefinierbare Fleischstäbe und in nichts mit der deutschen Frikadelle zu vergleichen. Beliebt und köstlich sind auch die Kroketten, dicke panierte Röllchen mit einer Kalbfleischfüllung. Aber auch Matjes und Frühlingsrollen, »loempias«, isst man einfach so zwischendurch. Und was bei uns ein Stück Kuchen ist, ist für die Niederländer der »pannenkoek«, der Pfannkuchen – mal herzhaft, mal süß.

Der Kern der typischen Amsterdamer Geselligkeit ist aber der »borrel«, der kleine Umtrunk nach der Arbeit. Vor allem an den Freitagen füllen sich ab 17 Uhr Kneipen und Cafés. Die Amsterdamer lassen den Tag beim »biertje« oder Jenever ausklingen.

DIE KLEINE SCHWESTER DER KROKETTE

Zu einem »borrel« gehören Häppchen: Nüsse, Käsewürfel, Wurstscheiben und natürlich viel Frittiertes, je fetter desto geselliger. Das gilt vor allem für die berühmten »bitterballen«. Die kleinen Schwestern der Krokette isst man heiß und mit Senf – köstlich.

BESONDERE EMPFEHLUNGEN

Café de Jaren   E 3

Grand Café – In dem Café de Jaren treffen sich alle – Studenten, Beamte, Intellektuelle, Touristen – auf einen »koffie verkeerd«, den typischen Milchkaffee, oder zum Zeitunglesen an dem langen Lesetisch. Im dem großen hellen Saal kann man bei leichter Jazzmusik auch essen. Unten gibt es eher Kleinigkeiten wie zum Beispiel feine Käsebrötchen oder eine thailändische Tom-Kha-Gai-Suppe mit Kokos und Zitronengras. Im Restaurant im ersten Stock werden Menüs serviert. Bei schönem Wetter nippen die Amsterdamer auf der lauschigen Terrasse an ihrem Weißwein und schauen auf die Gracht.
Centrum | Nieuwe Doelenstraat 20-22 | Tram: Muntplein, Rokin | Tel. 6 25 57 71 | www.cafedejaren.nl | So, Mo–Do 9.30–11, Fr, Sa 9.30–2 Uhr | €€

D'Vijff Vlieghen   E 3

Stilvoll holländisch – Seit Jahren der Klassiker für stilvolles Essen. Gleich fünf Grachtenhäuser wurden zu einem Restaurant zusammengefügt. Ein sehr charmantes Labyrinth. Die eleganten Kammern mit den mit Gold bespannten Wänden aus dem 17. Jh. sind ein kulinarisches Museum mit Stil. Wo sonst kann man unter echten Rembrandts Panna Cotta mit Feigen essen? Mick Jagger hat es auch schon getan.
Centrum | Spuistraat 294-302 | Tram: Spui | Tel. 5 30 40 60 | www.vijffvlieghen.nl | tgl. 18–22 Uhr | €€€€

Kwekkeboom   E 3/4

Knusprige Kroketten – Kroketten kauft man bei Kwekkeboom, das weiß hier jedes Kind. Zu Recht. Nicht immer ist nämlich klar, was so alles in die dicken Röllchen gestopft wurde. Doch bei Kwekkeboom füllt der Konditor (!) sie nur mit dem feinsten Kalbfleischragout, dann werden sie im heißen Fett frittiert. Sie sind goldbraun, fein und knusprig. Finger ablecken ist hier erlaubt.
Centrum | Reguliersbreestraat 36 | Tram: Rembrandtplein | Tel. 6 23 12 05 | www.kwekkeboom.net | Mo–Sa 9–17.45, So 12–18 Uhr | €

Moeders   D 3

Wie bei Muttern – Gemütlich, lecker und leicht chaotisch: Bei Moeders isst man wie bei Muttern. »Stamppot« und Fleischklops. Es gibt ein Sammelsurium von Tellern, Gläsern und Besteck – wie vom Flohmarkt. Fast jeder setzt sich dazu, vom Hausfrauenclub bis zu mondänen Managern. Und Hunderte von Müttern vieler Gäste schauen wohlwollend von Fotos an den Wänden zu.

Centrum | Rozengracht 251 | Tram: Marnixstraat/Rozengracht | Tel. 6 26 79 57 | www.moeders.com | tgl. 17–1 Uhr | €

Taste of Life   🚩 D 3

Scharf und aromatisch – Scharf und authentisch: Die indonesische Reistafel ist ein Fest für alle Sinne. Ein Schälchen nach dem anderen kommt auf den Tisch, dampfend und mit dem Aroma des Fernen Ostens. Jeder bedient sich und nascht. In diesem von außen unscheinbaren Restaurant wird mit Liebe und Weisheit gekocht. Die Bewohner des Viertels haben es längst entdeckt. Der Weg aus der City lohnt.

Zuid | Rijnstraat 51 | Tram: Victorieplein | Tel. 6 44 77 86 | www.tasteoflife restaurant.nl | Di–So 17–23 Uhr | €

Toscanini   🚩 E 2

Klassisch italienisch – Der Italiener mit Tradition. In einem über 100 Jahre alten Packhaus schlemmen die Intellektuellen und Geschäftsleute des Grachtengürtels feine toskanische Küche. Fast Food ist ein Fremdwort. Hier wird in aller Ruhe getafelt.

Centrum | Lindengracht 75 | Bus, Tram: Willemsstraat | Tel. 6 23 28 13 | http://restauranttoscanini.nl | Mo–Sa 18–23.30 Uhr | €€€

Weitere empfehlenswerte Adressen finden Sie im Kapitel **AMSTERDAM ERKUNDEN**.

Preise für ein dreigängiges Menü:

€€€€	ab 50 €	€€€	ab 40 €
€€	ab 30 €	€	bis 30 €

Der Amsterdamer liebt seinen »pannenkoek«, den Pfannkuchen, wie hier z. B. mit Apfel, Zimt und Zucker. Eine Pfannkuchen-Flatrate gibt es auf dem Pannenkoekenboot (▶ S. 75).

Grüner reisen
Urlaub nachhaltig genießen

Wer zu Hause umweltbewusst lebt, möchte vielleicht auch im Urlaub Menschen unterstützen, denen ein verantwortungsvoller Umgang mit der Natur am Herzen liegt. Empfehlenswerte Projekte, mit denen Sie sich und der Umwelt einen Gefallen tun können, finden Sie hier.

Amsterdam ist mit seinen vielen Parks und dem allgegenwärtigen Wasser eine grüne Stadt – trotz chronischen Platzmangels. In diesem am dichtest bevölkerten Land Europas muss die Natur sorgsam behütet werden. Das fördert die Stadt und lässt etwa an den Straßen kleine, fast wilde Vorgärtchen anlegen. Und dann ist da natürlich das Fahrrad. Das »fiets« ist das beste und grünste Transportmittel in der immer verstopften Innenstadt. Seit Jahrhunderten lebt die Stadt mit dem Wasser. Gut ein Drittel der Niederlande liegt unter dem Meeresspiegel. Die Hauptstadt wäre bereits in den Fluten versunken, wenn es keine Deiche, Pumpen und Kanäle gäbe. Die Grachten sind übrigens längst nicht mehr das romantischste WC Europas. Alle Wohnboote sind an das Abwassernetz angeschlossen und die Qualität des Wassers ist so gut, dass die Fische zurückgekehrt sind. Angesichts des Klimawandels werden neue Grachten und Auffangbecken angelegt. Im neuesten Wohnviertel, der künstlichen Insel Ijburg, bewegen sich schwimmende Häuser mit dem Wasserspiegel mit.

In den letzten Jahren ist Grün hip geworden. Das lädt auch zu Betrug ein. Oft gelten für Öko-Produkte extrem hohe Preise, und nicht immer ist braunes Brot gesund, sondern einfach nur gefärbt.

Immer mehr junge Köche greifen zu heimischen und biologischen Produkten. Grüne Mode und fair produziertes Design liegen im Trend. T-Shirts, ja sogar Fahrräder aus Bambusfasern? Ja, auch das gibt es. Der TV-Journalist Teun van der Keuken landete vor einigen Jahren einen Coup mit seiner leckeren »sklavenfreien« Schokolade namens Tonychocolonely, die nun fast überall zu kaufen ist (www.tonyschocolonely.com). In Amsterdam wurde auch das weltweit erste fair produzierte Smartphone, das Fairphone, entwickelt.

ÜBERNACHTEN

Bicyclehotel 🚲 E 5

100 Prozent klimaneutral – Das charmante, preiswerte Hotel mit sehr freundlichem Service bezieht seine Energie aus Sonnenkollektoren auf dem Dach. Die Gäste sollen übrigens auch einen Teil zum Umweltschutz beitragen. Der Name ist Programm: Das Hotel vermietet Räder.

Zuid | Van Ostadestraat 123 | Bus, Tram: Tweede van der Helststraat | Tel. 6 79 34 52 | www.bicyclehotel.com | €

Conscious Hotels

Modern recycelt – Luxus und Grün können eine fantastische Kombination sein. Die beiden Hotels sind so freundlich zum Planeten wie möglich. Das gilt für Energie, Putzmittel, Abfall und Essen. Aber vieles sieht der Gast überhaupt nicht. Etwa wenn er seine Postkarten in den modern gestylten Zimmern auf einem Tisch aus recyceltem Plastik schreibt. Vielleicht waren das mal alte Joghurtbecher.

www.conscioushotels.com
– Conscious Hotel Vondelpark | West | Overtoom 519 | Tram: Overtoomse-
sluis | Tel. 8 20 33 33 | 80 Zimmer | ♿ | €€ 🚲 B 5
– Conscious Hotel Museum Square | Zuid | De Lairessestraat 7 | Bus, Tram: Jacob Obrechtstraat/de Lairessestraat | Tel. 6 71 95 96 | 36 Zimmer | €€ 🚲 D 5

ESSEN UND TRINKEN

Bloem 🚲 G 3

Besonderes Ambiente – Wo kann man schon hausgemachte Fritten essen, wenn nebenan die Löwen brüllen. In dem alten Packhaus gegenüber dem Zoo Artis isst man sehr romantisch. Fisch, Fleisch, Gemüse – alles ist biologisch und sehr fein zubereitet. Übrigens kann man hier auch frühstücken oder Kaffee trinken. Mit einem Stück Zitronen-Cheesecake? Selbst gemacht natürlich, wie die Fritten.

Centrum | Entrepotdok 36 | Tram: Linnaeusstraat/Wijttenbachstraat, Plantage Kerklaan | Tel. 3 30 09 29 | www.bloem36.nl | tgl. 9–24 Uhr | €€

Burgermeester 🚲 E 5

Bio und regional – Ein ökologischer Burger? Vegetarier und Ökofreaks werden die Nase rümpfen. Doch wer diese

Burger isst, so sagen sie bei Burgermeester, weiß zumindest, dass das Tier ein schönes Leben hatte. In der gemütlich modernen Snackbar wird nur biologisches Fleisch und Gemüse, wenn irgend möglich aus der Region verarbeitet. Für alle Veggies: Es gibt auch vegetarische Burger. Und die sind richtig gut.

Zuid | Albert Cuypstraat 48 | Tram: Albert Cuypstraat | Tel. 0 90 02 87 43 77 | www.burgermeester.eu | tgl. 12–23 Uhr | €

Hemelse Modder F3

Klein und himmlisch – Der »himmlische Matsch« ist eigentlich ein köstliches Dessert aus Sahne, Schokolade und Eiern. Doch das kleine Restaurant mitten im ältesten Teil der Stadt kocht auch himmlische Hauptgerichte mit biologischen Produkten. Und im Sommer werden auf der kleinen Terrasse biologische Weine serviert.

Centrum | Oude Waal 11 | Tram: Niewezijds Kolk, Dam, Centraal Station | Tel. 6 24 32 03 | www.hemelsemodder.nl | €€

Merkelbach H5

Grün im Grünen – Im alten Kutschhaus des früheren Landgutes Frankendael wird grün gekocht und mitten im Garten serviert. Französisch mediterran inspiriert, passend zur edlen Umgebung des einstigen Lusthauses einer reichen Patrizierfamilie. Am schönsten ist es auf der Terrasse, wenn die Sonne ganz langsam in einem grünen See versinkt.

Oost | Middenweg 72 | Tram: Hugo de Vrieslaan | Tel. 6 65 08 80 | www.huize frankendael.nl | tgl. 8.30–23 Uhr | €€€

Morning Star E3

Biologisch geschüttelt – Fast Food – aber dann bio. Mutter und Töchter zeigen in ihrem klitzekleinen Lunchroom mitten im Zentrum, dass das geht. Wunderbare Pommes mit hausgemachter Soße und danach ein Berry Banana Shake. Auch die Säfte sind sehr lecker.

Centrum | Nieuwezijds Voorburgwal 289 | Tram: Spui | Tel. 6 25 65 42 | www.morning-star.eu | €

EINKAUFEN

Fair and Fair

Mode, Design, Möbel und Schmuck: In einem wundervollen historischen Grachtenhaus werden Produkte aus aller Welt verkauft. Die Produzenten bekommen auch den Gewinn. Hier gibt es Mode aus Indien oder das komplett aus Bambus hergestellte Super-Fahrrad, entworfen von einem Niederländer, zusammengebaut in Ghana. Schon das faire Shoppen wird im Fair and Fair zum Erlebnis.

www.fairandfair.nl | Di–Sa 11–18, So 13–18 Uhr

– Centrum | Herengracht 211 | Tram: Dam/Raadhuisstraat E2

– Centrum | Raadhuisstraat 26 | Tram: Dam/Raadhuisstraat, Dam/Paleisstraat E3

Nukuhiva E2

Die in den Niederlanden bekannte Globetrotterin Floortje Dessing eröffnete eine Boutique mit fairer Mode. Sofort wurde es ein Hit. Floortje verkauft Marken wie Edun (gegründet von der Frau des U2-Sängers Bono), Loomstate, Inti, Komodo, Stewart + Brown und beweist: Grün geht immer.

Centrum | Haarlemmerstraat 36 | Tram: Martelaarsgracht, Dam | Tel. 4 20 94 83 | www.nukuhiva.nl

AKTIVITÄTEN

Drijvende Tuinen (Treibende Gärten)

Weil ein Gärtchen Luxus ist, legen sich viele Amsterdamer eine grüne Oase auf dem Wasser an. Die treibenden Gärten des Aktionskünstlers Jasper Grootveld sind seit 40 Jahren eine Institution. Die Flöße mit Bäumen und fast schon dschungelartigen Gewächsen finden sich an vielen Orten. Ein privater Verein kümmert sich um dieses grüne Kulturerbe. Nachts hört man es rascheln, und das Wasser gluckst geheimnisvoll gegen das Floß.
www.drijvendetuinen.nl

Führungen mit dem Fahrrad oder zu Fuß

In Amsterdam gibt es zahlreiche Stadtführungen mit dem Fahrrad – entweder unter fachkundiger Leitung oder Sie setzen sich auf eigene Faust aufs Rad. Erleben Sie die Architektur im östlichen Hafengebiet oder entdecken Sie die Geschichte der Grachtenhäuser. Die Touristenbüros bieten Karten und Broschüren an, mit denen Sie die Stadt auch zu Fuß erforschen können. Zudem gibt es verschiedene Apps zum Downloaden.
www.iamsterdam.com

Geitenboerderij Ridammerhoeve

▶ Karte S. 133, a 2

Der kleine Bauernhof, auf dem Ziegen gehalten werden, liegt mitten im Stadtwald, dem Amsterdamse Bos. Nach einem ausgedehnten Spaziergang durch diesen Wald kann man hier wunderbaren selbst gemachten Ziegenkäse essen, dazu einen frischen Saft trinken und auch noch zusehen, wie der Käse gemacht wird.
Zuid | Nieuwe Meerlaan 4 | Bus: Nieuwe Meerlaan | www.geitenboerderij.nl

Das ehemalige Landgut Frankendael ist eine grüne Oase Amsterdams. Im Restaurant Merkelbach (▶ S. 32) im alten Kutschhaus wird nach den Ideen der Slow-Food-Bewegung gekocht.

Im Fokus
Fröhlich freie Fietser

Sie gehören zu Amsterdam wie die Löcher zum Käse: fietsen.
Das Fahrrad ist mehr als nur ein Transportmittel. Es ist Lebensart.
Doch nun droht der Infarkt: Fahrradstaus und Parkplatzmangel.
Doch eine Alternative gibt es nicht.

Meine Freundin Liddie ist eine Kamikaze-Radlerin – das sagt sie selbst und sogar mit einem gewissen Stolz. Dabei sieht sie nicht gerade gefährlich oder grimmig aus. Im Gegenteil. Liddie ist eine bekannte Kolumnistin, stets nach der allerletzten Mode gekleidet, und sie strahlt selbst dann noch fröhlich, wenn wieder einmal so ein hundsgemeiner feiner Regen fällt, der jeden nach nur ein paar Sekunden bis auf die Haut durchnässt. Mit Liddie radle ich jeden Morgen ins Büro. Für unseren Weg vom Süden bis zum Dam brauchen wir genau zwölf Minuten. Das heißt, wenn wir so »fietsen« würden wie Liddie.

Sie strampelt wie eine Irre, quatscht dabei munter über die neuesten politischen Parolen oder modischen Peinlichkeiten. Die lustigen braunen Augen flitzen dabei wachsam nach links und rechts. Nichts hält sie auf, nicht einmal eine rote Ampel. »Huch«, ruft sie und rast doch noch über die Kreuzung. Eine Kamikaze-Radlerin eben. Nur ich kann mich nach 18 Jahren noch immer nicht an die scheinbare Anarchie auf den Amster-

◀ Im Vondelpark (▶ MERIAN TopTen, S. 88)
gibt es keine Strafzettel für Fietser.

damer Radwegen gewöhnen. »Es war rot«, sage ich jedes Mal entschuldigend, wenn sie wieder einmal an einer Ecke auf mich warten muss.

ORGANISIERTE ANARCHIE

»Es ist keine Anarchie«, klärte Liddie mich einmal auf. »Der Amsterdamer Radfahrer kennt auch Regeln. Die oberste heißt: Leben und leben lassen. Du stoppst, wenn du einem anderen Fietser in die Quere kommen würdest und natürlich, wenn es für dich selbst gefährlich ist.« Natürlich hat Liddie recht. Leben und leben lassen, das Prinzip der Amsterdamer Toleranz gilt auch für den Verkehr. Weil alle das wissen, funktioniert es auch. Selbst Autofahrer rechnen damit, dass noch ein paar Radler oder sogar andere Autos das rote Licht missachten und warten geduldig, selbst wenn ihre Ampel schon längst dunkelgrün anzeigt.

»Wenn ein Polizeiauto direkt neben dir steht«, belehrte mich Liddie noch, »dann hältst du natürlich auch!« Denn die sonst gutmütigen Polizisten verteilen nämlich in den letzten Jahren freudig Strafzettel auch an Radfahrer. Also stoppen immer mehr selbst vor einer roten Ampel. Aber Liddie hat auch gut reden. Sie hat kein normales Rad, sondern ein »bakfiets«, ein modernes Lastenfahrrad. Vorne ruht ein breiter schwarzer Kasten auf dem verlängerten Unterrohr. Darin hat sie früher Kinder und Einkäufe transportiert. Inzwischen verstaut Liddie in dem Kasten hauptsächlich ihre große rote Umhängetasche, Regencape und den Laptop.

Mit diesem Ungetüm kann sie geschickt auch durch die schmalsten Gässchen lavieren, und das auch noch in einem Affentempo. Sie muss keine Angst vor allzu draufgängerischen Autofahrern haben. Denn das Ungetüm von Rad treibt jedem unwillkürlich den Angstschweiß um den Lack seiner kostbaren Limousine auf die Stirn. »Außerdem«, sagt Liddie, »sind wir fietser schließlich der Boss in der Stadt.«

OHNE »FIETS« GEHT GAR NICHTS

»Fiets« ist das erste niederländische Wort, das jeder Ausländer kennt, akzentlos aussprechen kann und das er nie wieder vergessen wird. Das »fiets« ist mehr als nur ein Transportmittel. Es ist eine Lebensart. Auf dem Rad kann der Amsterdamer sein, wie er will: unabhängig, gleichberechtigt, eigensinnig. Zudem ist es einfach, gemütlich und billig. Auf dem »fiets« ist jeder ein König.

Der hochgeschwungene leicht gebogene Lenker ermöglicht das aufrechte Radeln. Keiner muss buckeln. Und so sieht man sie zu Tausenden: den Rücken gerade, den Kopf im Wind, das Handy am Ohr, manche tippen auch noch eine SMS dabei. Das Radfahren ist wahrlich nicht auf junge oder sportliche Leute beschränkt. Jeder radelt. Alt und Jung, Student und Manager, Karrierefrau und Hausmütterchen. »In Amsterdam gibt es sowieso keine Alternative«, sagt Liddie. Sie hat noch nicht einmal einen Führerschein. »Nichts ist schneller!« Selbst der König dürfte es sich nicht einfallen lassen, nicht zu »fietsen«. Er würde vermutlich stante pede entthront. Daher lässt er sich wohlweislich regelmäßig auf dem Rad fotografieren – und das in jeder Lebenslage. Mal sportlich auf dem Rennrad, mal gemütlich auf dem einfachen »stadfiets« oder ganz familienbewusst auf dem »bakfiets«.

881 000 RÄDER

Was für den Deutschen das Auto ist, ist für den Holländer sein »fiets«. In Amsterdam gibt es 881 000 Fahrräder. Das heißt, jeder Einwohner, ob nun acht Tage oder 80 Jahre alt, nennt 1,1 Fahrräder sein eigen. So genau weiß das mein Kollege Jan-Pieter. Er schreibt regelmäßig für den »Vogelvrijen Fietser«, den Vogelfreien Radfahrer, das Blatt des Interessenverbandes der Radler. Und diese Aufgabe erfüllt er mit äußerster Seriösität. »Es gibt mehr als 400 Kilometer Radwege in der Stadt«, sagt Jan-Pieter und guckt dabei sehr sorgenvoll. »Viel zu wenig. Denn es gibt auch sehr, sehr viele Radfahrer.« Die müssen sich die Radwege auch noch mit den breiten Rad-Taxis teilen, die man kaum überholen kann. Doch das größte Übel sind die »brommer«, kurz für »bromfietser«. Das klingt hübsch, brummende Räder. Weil sie einen Motor haben, brummen sie eben. Aber leider sind »brommer« nicht etwa E-Bikes – sondern Mofas. Und die flitzen oft mit überhöhter Geschwindigkeit kreuz und quer durch die Straßen Amsterdams.

RADELNDE TOURISTEN

»Und dann noch die Touristen«, stöhnt Jan-Pieter leicht verzweifelt. »Zu sechst schlendern die gemütlich nebeneinander.« Dann greift sogar der gutmütige Profi-Radler zum äußersten Mittel. Er klingelt. Selbst das nützt aber nichts. »Die sind doch lebensmüde«, meint der Kollege einigermaßen fassungslos. »Neulich starrten drei Italiener in aller Seelenruhe auf den Amsterdam Stadtplan – und wo standen sie dabei? Natürlich mitten auf dem Fahrradweg!«

Amsterdamer radeln im Allgemeinen schnell. Die Umstände sind auch ideal. Breite Radwege, Grüne-Welle-Ampeln, sogar Schnellstraßen ohne jedes Hindernis. Der »Fietsersbond« will aber noch mehr und fordert zum Beispiel XXL-Radwege auf Kosten von Autoparkplätzen. Und die Chancen sind gut. Denn der Verband ist sehr einflussreich, und die Stadt will auch eine radfahrerfreundliche Metropole sein. Also werden Autofahrer durch extrem hohe Parkgebühren von der Fahrt ins Zentrum abgehalten und die Bürger ermutigt, das Fahrrad zu nehmen. Doch mittlerweile droht der Fiets-Infarkt. Denn der Raum für all die Radfahrer reicht nicht mehr aus. Die Folge sind Staus und Parkplatzmangel. Vor allem zu den Hauptverkehrszeiten stehen endlose Schlangen von Fahrrädern an den Kreuzungen Amsterdams. Zehntausende quälen sich durch den Verkehr.

VORSICHT »FIETS-KNIPSER«!

Jedes noch so schäbige Rad muss mit mindestens zwei Schlössern und dann noch an einem Laternenpfahl oder Betonblock angekettet sein, zumindest wenn man auf dem Gefährt später noch weiterfahren und es nicht als Ersatzteillager anderen gratis zur Verfügung stellen will. Amsterdamer sichern geduldig und geschickt Rahmen, Vorder- und Hinterrad, als wären es die Kronjuwelen. Und sie transportieren kiloschwere Stahlschlösser und Eisenketten zur Arbeit oder vor die Kneipe.

Doch selbst in der Grachtenmetropole gibt es nicht genug Brückengeländer und Bäume. Auch vierstöckige Radparkhäuser reichen nicht aus. Also wurden ausrangierte Boote zu Radabstellplätzen umfunktioniert, schwimmend auf dem Wasser. Doch selbst die sind oft restlos voll. An den Bahnhöfen muss man oft mühsam sein Rad aus Dutzenden anderen herauskeilen, die davor abgestellt wurden. Doch wildes Parken ist nicht anzuraten. Denn abgesehen von gierigen Dieben muss man sich auch vor den kommunalen »Fiets-Knipsern« hüten. Die kennen kein Pardon und sägen selbst die dicksten Ketten rigoros durch. Die Räder landen dann in einem Depot am Stadtrand.

Neulich wurde sogar meine Freundin Liddie ein Opfer der »Fiets-Knipser«. »Zehn Euro musste ich bezahlen«, klagte sie. Aber das war nicht das Schlimmste. »Bis ich es zurückhatte, dauerte es eine Woche!« Meine Freundin starrte mich an, völlig entgeistert, als wäre sie von Strom, Wasser, Internet abgeschnitten gewesen und auch noch ihr Handy in die Gracht gefallen. »Kannst du dir das vorstellen? Eine Woche ohne »fiets!« Nein, das konnte ich nicht.

EINKAUFEN

Shoppen wird zum lustvollen Abenteuer. Ob Kunst und Kitsch oder Design und Dessous – das finden Sie nicht in großen Kaufhäusern, sondern in Hunderten von kleinen Lädchen. Die »winkeltjes« machen die Stadt zu einem Einkaufsparadies.

Amsterdam: ein Paradies für alle, die gern einkaufen gehen. Die Stadt ist voller »winkeltjes«, wie Geschäfte auf Holländisch heißen. Überall findet man kleine und ganz besondere Geschäfte, auch wenn sie zunehmend von großen Ladenketten oder edlen Boutiquen verdrängt werden, die die hohen Mieten in der City aufbringen können. Gerade in den Stadtteilen aber entstehen neue gemütliche Einkaufsmeilen mit vielen kleinen Läden. Und so bleibt Amsterdam ein Shoppingparadies.

DUTCH DESIGN HAT WELTRUF

Tulpen aus Amsterdam heißt es im Lied. Und Tulpenkitsch gibt es wirklich an jeder Ecke. Besonders der **Blumenmarkt** an der Singelgracht ist für jeden, der es mag, eine Fundgrube. Amsterdamer kaufen frische Blumen auf den Märkten oder an der nächsten Straßenecke.

◀ In den Negen Straatjes (▶ S. 39) kann man
schon mal einen Nachmittag lang shoppen.

Bekannt aber ist Amsterdam vor allem für sein Dutch Design. Mit minimalistischen Formen, klare Farben, funktionellen Objekten und einem Gefühl für Humor haben die Holländer Weltruf erworben. Design findet man nicht nur in edlen Läden, sondern auch im Traditionskaufhaus **Hema.** Häufig bieten Geschäfte auch eine verblüffende Mischung an Produkten: Design und Kuchen zum Beispiel. Oder Mode und Kunst. In den letzten Jahren machen auch die Modedesigner von sich reden. Ausgerechnet im Rotlichtviertel De Wallen eröffneten viele junge Talente, die von der Modeakademie in Arnheim kommen, ihre Ateliers. Hier hat übrigens auch Jan Taminiau, ein Lieblingsschneider von Königin Máxima, angefangen.

NEUN STRÄSSCHEN NUR ZUM SHOPPEN

Im Zentrum gibt es gleich mehrere Shoppingmeilen. Rund um den Dam findet man die großen Kaufhäuser – im Mittelpunkt für Freunde des Luxus der **Bijenkorf.** Die Einkaufsstraße **Kalverstraat** sollte man meiden. Hier sorgen vor allem die Filialen bekannter großer Ketten für einen Einheitsbrei, und es herrscht ein übles Gedränge. Ein besseres Angebot, vor allem für Schuhfetischisten, bietet da schon die **Leidsestraat.** Nicht versäumen sollte man die **Negen Straatjes,** die neun Sträßchen am westlichen Grachtengürtel. Die Kombination von Edelboutiquen, »winkeltjes«, Galerien und Cafés ist sehr charmant. Spannend und noch typisch unkonventionelles Amsterdam ist die **Haarlemmerstraat** beim Jordaan. Hier finden Sie noch den Tante-Emma-Laden neben feiner Mode. Zudem gibt es Trödel und Design. In der **Utrechtsestraat** kommen vor allem Freunde der guten Küche auf ihre Kosten. Aber genauso männliche und weibliche Fashionfans.

LUXUS GIBT ES IN DER P.C.

Eine echte Luxusmeile wie die Fifth Avenue in New York oder die Champs-Elysées in Paris wird man in Amsterdam vergeblich suchen. Die großen internationalen Designer wie Gucci, Armani oder Prada drängen sich im Süden in einer kleinen Straße, die immerhin nach dem größten Dichter des Landes benannt ist: **P.C. Hooftstraat.** Zeitlich sind der Shoppingwut kaum Grenzen gesetzt. Im Prinzip sind die Geschäfte täglich von 9 bis 18 Uhr geöffnet, donnerstags bis 20 oder sogar bis 22 Uhr. Und auch sonntags kann man in vielen von 12 bis 17 Uhr einkaufen. An den Montagen geht es dafür oft erst zur Mittagszeit los. Supermärkte sind meist täglich von 8 bis 22 Uhr geöffnet, und wer dann noch etwas braucht, findet das in den »avondwinkels«, den Nachtshops.

BESONDERE EMPFEHLUNGEN

DELIKATESSEN

Kaashuis Tromp 🏷 F 4

Alles Käse – und ganz sicher nicht nur Gouda. Der Käsehändler Tromp verkauft zum Beispiel auch echten friesischen Nagelkaas, nicht mit Nägeln, sondern mit Nelken. Hier findet man auch Spezialitäten aus ganz Europa. Gouda gibt es in vielen Variationen – den uralten zum Beispiel: kräftig, tief orange und so hart wie Parmesan.

Centrum | Utrechtsestraat 90 | Tram: Keizersgracht | www.kaashuistromp.nl

DESIGN

Droog Design 🏷 E 3

Der Klassiker für holländisches Design. In diesem jahrhundertealten Haus findet man die bekannten Produkte des weltberühmten Designerkollektivs Droog. Möbel, Lampen, Geschirr. Hier gibt es Klassiker wie die Urnen-Vase von Hella Jongerius oder The Birdhouse van Marcel Wanders. Regelmäßig werden auch Werke von internationalen Designern ausgestellt.

Centrum | Staalstraat 7B | Tram: Rembrandtplein | www.droog.com

KAUFHÄUSER

Bijenkorf 🏷 E 3

Das Traditionskaufhaus am Dam spezialisiert sich immer mehr auf Luxusmarken. Louis Vuitton oder Gucci haben hier ihre eigenen Boutiquen. Für viele Niederländer gehört ein Besuch im »Bienenkorb« mit einem Mittagessen im Café seit Generationen zum Amsterdam-Besuch. Legendär ist der Ausverkauf im Oktober: drei verrückte Tage, »drie dwaze Dagen«, wenn Markenartikel verramscht werden.

Centrum | Dam 1 | Tram: Dam | www.debijenkorf.nl

Hema 🏷 E 2

Das Traditionskaufhaus ist Kult – Filialen gibt es im ganzen Stadtgebiet. Hier findet der Holländer alles, was er braucht, um als Holländer zu leben – vom Fahrradlämpchen bis zum Käsehobel. Die einstige holländische Einheitspreisgesellschaft verkauft immer noch zu günstigen Preisen nur eigene Produkte, und zwar mit einem charakteristischen Design: ohne Schnörkel, klar, modern und farbenfroh.

Centrum | Nieuwendijk 174–176 | Tram: Dam, Nieuwezijds Kolk | www.hema.nl

Maison de Bonneterie 🏷 E 3

Einkaufen wird in dem Gebäude mit der bunten Glaskuppel und den bleiverglasten Fenstern zu einem Erlebnis wie vor 100 Jahren. In der leicht verstaubten, aber charmanten Bonneterie kauft auch die königliche Familie ein. Edle Marken, gediegener Chic, aber auch irre High Heels.

Centrum | Rokin 140–142 | Tram: Spui | www.debonneterie.nl

WINKELTJES (LÄDEN)

Jacob Hooy 🔖 F 3

Der Duft von Minze, Thymian und Zimt ist tief in die Balken und Dielen des alten Packhauses beim Nieuwmarkt eingedrungen. Kein Wunder: Schon seit dem Jahr 1743 werden hier bei Jacob Hooy Kräuter für jedes Zipperlein von Akne bis Zyste verkauft. Auch die Einrichtung bringt einen zurück in eine längst vergangene Zeit. Der wuchtige Verkaufstisch steht unter zwei großen ineinander verschlungenen Schlangen. In den verwinkelten Hinterzimmern werden die Kräuter nach den alten Rezepten gemischt. Verkauft werden die im Übrigen nicht nur in der Hauptstadt, sondern im ganzen Land.

Centrum | Kloveniersburgwal 12 | Tram: Dam | www.jacob-hooy.nl

P.G.C. Hajenius 🔖 E 3

Der Laden ist ein Tempel in reinstem Art déco. Er ist seit 185 Jahren dem Tabak geweiht, der Königin der Rauchwaren: der Zigarre. Dazu passt selbstverständlich nur ein königlicher Rahmen. Die Decken sind hoch und die Wände mit kunstvollen Ornamenten bemalt. Über dem Tresen aus italienischem Marmor werfen massige Kronleuchter ein sanftes Licht auf die edle Ware und die illustre Kundschaft. Prinzen, Literaten, Geschäftsleute und Straßenmusikanten kommen ins P.G.C. Hajenius, um hier stilvoll ihre Tabakwaren einzukaufen.

Centrum | Rokin 96 | Tram Spui (Rokin) | www.hajenius.com

Weitere empfehlenswerte Adressen finden Sie im Kapitel **AMSTERDAM ERKUNDEN**.

Das international renommierte Designerkollektiv Droog (▶ S. 40) hat sein Headquarter mit Shop, Showroom, Bibliothek und Veranstaltungsraum in der Staalstraat.

KULTUR UND UNTERHALTUNG

*Amsterdams Kulturleben brodelt: Dutzende Theater und
Konzertsäle sind Bühne für die Stars aus aller Welt. Auch Film-
freunde kommen auf ihre Kosten. Die strahlende Königin des
kulturellen Amsterdams ist das weltberühmte Concertgebouw.*

Amsterdam ist die kulturelle Hauptstadt der Niederlande, und das ist zu
sehen und zu hören. Amsterdamer sind leidenschaftliche Konzert- und
Theaterbesucher und haben bei Dutzenden von Bühnen die Qual der
Wahl. Charakteristisch ist, dass die Theater, auch die Stadsschouwburg
und das Carré im Zentrum, kein festes Ensemble haben. Sie sind Bühnen
für verschiedene Gesellschaften und internationale Gastspiele und sehr
populäre Kabarettisten. Amsterdamer sind verrückt nach den frechen
und provozierenden Shows. Tabus gibt es dabei kaum. Das offene Wort
pflegen sie übrigens auch selbst gern in den Debattenzentren. Dort wird
über aktuelle politische Fragen und über Philosophie, Kunst und Religion
oft erbittert diskutiert.
Strahlender Mittelpunkt des Kulturlebens ist das Concertgebouw, das berühmte Konzerthaus aus dem 19. Jh. mit seiner einzigartigen Akustik.

◀ Die Stadsschouwburg (▶ S. 45) mit der
Fassade im Renaissancestil am Leidseplein.

Das gleichnamige Orchester spielt Klassik auf absolutem Weltniveau. In den traumhaften Sälen treten Stars aus aller Welt auf. Die Konzerte von Gustav Mahler über Jessye Norman, Cecilia Bartoli bis zur Popikone Sting schrieben Geschichte. Ihr Opernhaus nennen die Amsterdamer spöttisch Stopera. Die Oper muss sich das Haus an der Amstel nämlich mit dem Rathaus, dem Stadhuis, teilen. Doch bürokratisch sind die Inszenierungen ganz sicher nicht. Im Gegenteil: Das Musiktheater, das seit 1988 unter der künstlerischen Leitung von Pierre Audi steht, ist weit über die Landesgrenzen hinaus bekannt, die Vorstellungen sind fast immer ausverkauft.

DER SCHÖNSTE KONZERTSAAL DER WELT

Auch das Nationale Ballett hat sich vor allem unter der jahrelangen Leitung des Choreografen Rudi van Dantzig Weltruf mit seinen zeitgenössischen Balletten erworben. Seit 2003 arbeiten die 80 Tänzer aus etwa 40 Ländern unter der Leitung des Australiers Ted Brandsen. Seit 2010 hat Amsterdam zudem nach der Ansicht von Kennern den schönsten Konzertsaal der Welt. Das Muziekgebouw aan 't IJ ist die erste Adresse für moderne Musik und Jazz. Informationen über das aktuelle Programm gibt es auf der Internetseite des Tourismusverbandes (www.iamsterdam. com). Die Monatszeitschrift »Uitkrant« wird gratis bei den Touristeninformationsstellen verteilt. Die ausführlichste Übersicht findet man in der Beilage »PS« in der Samstagsausgabe der Amsterdamer Tageszeitung »Het Parool«.

MUSICALS UND FILMFANS

Aber es ist nicht alles hohe Kultur. Niederländer sind verrückt nach Musicals – die Stars singen und tanzen daher auch in großen Hallen im Süden der Stadt und nicht nur in den Theatern der City. Auch Filmfans kommen in Amsterdam auf ihre Kosten. Fast alle Filme werden hier in der Originalsprache mit Untertiteln gezeigt. Und in den Programmkinos im ganzen Stadtgebiet laufen auch weniger bekannte Produktionen. Die Vorstellungen, vor allem in den großen Häusern, sind meistens ziemlich schnell ausverkauft. Restkarten für 50 Prozent des Preises bekommt man aber ganz gut im Last-Minute-Shop entweder online (www.lastminute ticketshop.nl) oder in den drei Verkaufsstellen (▶ S. 44).

Spektakuläre Architektur für spektakuläre Akustik : Amsterdams berühmte Konzerthalle, das Muziekgebouw aan 't IJ, (▶ S. 45), mit dem Bimhuis, auch bekannt als »schwarzer Kasten«.

OBA Öffentliche Bibliothek
F 2

Centrum | Oosterdokskade 143 | Tram: Muziekgebouw Bimhuis | Mo–Fr 10–19.30, Sa, So 10–18 Uhr

VVV Amsterdam Tourist Office
F 2

Im Koffiehuis gegenüber dem Hauptbahnhof | Centrum | Stationsplein 10 | Tram: Centraal Station | tgl. 10–17 Uhr

VVV Ticketshop
D 4

Centrum | Leidseplein 26 | Tram: Leidseplein | tgl. 10–17 Uhr

BESONDERE EMPFEHLUNGEN
KINO

Pathé Tuschinski
E 4

Der polnische Jude Abraham Tuschinksi verwirklichte 1921 seinen Traum von einem Filmpalast. Logen, holzvertäfelte Garderoben und das gedämpfte Licht der Jugendstillampen schaffen eine Atmosphäre der ganz großen Oper. Das Kino gehört zur Kette Pathé und zeigt kommerzielle Filme in sechs Sälen.

Centrum | Reguliersbreestraat 26 | Tram: Muntplein | www.pathe.nl | Kasse tgl. ab 11.30 Uhr | Tickets ab 11,50 €

KONZERTE

Concertgebouw ⚓ D 5

Das Haus ist seit mehr als 125 Jahren die Bühne des Königlichen Concertgebouw-Orchesters, dem nach der Ansicht von Kennern besten Orchester der Welt. Die 120 Musiker weisen selbst bescheiden auf den Einfluss ihrer Chefdirigenten hin. Und das waren bisher nur sechs. Seit 2004 steht der Lette Mariss Jansons am Pult, Nachfolger von Riccardo Chailly. Jeden Mittwoch gibt es übrigens ein Gratis-Lunchkonzert.

Zuid | Concertgebouwplein 2–10 | Tram: Van Baerlestraat, Museumplein | www.concertgebouw.nl

Muziekgebouw aan 't IJ ⚓ G 2

Für die moderne Konzerthalle aus dem Jahre 2005, direkt am Ufer des Ij erbaut, ist das dänische Architektenbüro 3xN mehrfach ausgezeichnet worden. In dem großen Saal (725 Plätze) mit seiner spektakulären Akustik spielen nationale und internationale große und kleine Orchester zeitgenössische Musik: Jazz, aber auch elektronische Pop- und Weltmusik. In der charakteristischen schwarzen Box, die aus dem Gebäude herausragt, ist das schon fast 40 Jahre alte Jazz-Podium Bimhuis untergebracht – mit jährlich rund 300 Konzerten von niederländischen und internationalen Musikern.

Centrum | Piet Heinkade 1 | Tram: Muziekgebouw | www.muziekgebouw.nl, bimhuis.nl | Kasse Mo–Sa 12–18 Uhr

OPER

Het Muziektheater ⚓ F 3

Bühne der niederländischen Oper, des niederländischen Philharmonieorches-

ters und des Nationalen Balletts. Oper und Orchester werden seit dem Jahr 2012 von dem Chefdirigenten Marc Albrecht geleitet. Die Oper kommt im Jahr auf etwa elf Produktionen und macht sich international einen Namen vor allem mit zeitgenössischen Werken, zuletzt aber auch mit einer Neuinszenierung von Wagners Ring durch Pierre Audi. Jeden Dienstag ist der Eintritt zu den Lunchkonzerten frei (12.30–13 Uhr).

Centrum | Waterlooplein 22 | Tram: Waterlooplein | www.het-muziek theater.nl | Kasse Mo–Fr 12–18, Sa, So 12–15 Uhr | Karten ab 15 €

THEATER

Koninklijk Theater Carré ⚓ F 4

Die ehemalige Zirkusspielstätte im klassischen Neorenaissancestil ist heute Bühne vor allem für Musicals, Popkonzerte und Kabarett. Aber es gibt auch noch die klassischen Zirkusaufführungen. Außerdem nutzen die Oper und das Ballett gelegentlich die Bühne.

Centrum | Amstel 115–125 | Tram: Weesperplein | www.theatercarre.nl | Kasse tgl. 12–18 Uhr | Karten ab 16 €

Stadsschouwburg ⚓ D 4

Das städtische Traditionstheater ist die Bühne für die großen niederländischen Ensembles und für internationale Gastspiele. Die Stadsschouwburg ist zudem Ort von Galavorstellungen bei internationalen Festivals.

Centrum | Leidseplein 26 | Tram: Leidseplein | www.ssba.nl | Kasse Mo–Sa 12–18 Uhr

Weitere empfehlenswerte Adressen finden Sie im Kapitel AMSTERDAM ERKUNDEN.

FESTE FEIERN

Amsterdam feiert, wie es ist: eigensinnig und gesellig, traditions-und geschichtsbewusst. Feste sind ein willkommener Anlass, sich als kulturelle Hauptstadt des Landes zu präsentieren. Nirgendwo anders gibt es so viele Festivals für Film, Theater und Musik.

Wenn Niederländer ein nationales Fest feiern, färbt sich alles orange – zum Beispiel, wenn Fußball gespielt wird. Doch die Farbe des Königshauses ist natürlich besonders am Königstag Trumpf, dem Geburtstag von König Willem-Alexander am 27. April. Der Geburtstag der Fürsten wurde schon in früheren Jahrhunderten vor allem mit Paraden gefeiert. Doch erst seit Mitte des 19. Jh. wurde dieser Tag auch zu einem Kinderfest mit Musik und Kirmes. Und weil an jenem Tag nach einer ungeschriebenen Regel jeder ohne Gewerbeschein Waren auf der Straße verkaufen durfte, entstanden die sogenannten Freimärkte.

FRECHER FREIMARKT
Der »Vrijmarkt« in Amsterdam ist berühmt. Die ganze Stadt wird zu einem gigantischen Flohmarkt. Schon Wochen vorher entrümpeln Ams-

◄ Amsterdam feiert gern in Orange, wie hier
den Königstag (► S. 47) am 27. April.

terdamer ihre Schränke und Dachböden auf der Suche nach geeignetem Plunder. Am Tag selbst staffiert sich jeder passend aus: in Orange natürlich. Kronen, Fähnchen, Federboas, T-Shirts. Amsterdamer feiern den Königstag, der bis zur Abdankung von Königin Beatrix Königinnentag hieß, frech und doch gemütlich. Ein echtes Volksfest eben.

ZWEI MINUTEN SCHWEIGEN

Nur eine Woche später wird es still auf den Grachten. Dann gedenken die Niederländer am 4. Mai den Opfern der Kriege und Militäreinsätze. Mit zwei Schweigeminuten zeigen sie überall ihre Verbundenheit mit dem Land und seiner Geschichte. Die nationale Gedenkfeier zum Totengedenken findet seit 1945 traditionell abends auf dem Dam in der Hauptstadt in Anwesenheit der königlichen Familie und der Regierung statt. Millionen im ganzen Land folgen der Live-Übertragung aus Amsterdam. Zehntausende sind an dem Abend selbst auf dem Dam dabei und lauschen den Reden gegen Gewaltherrschaft und Unterdrückung.
Einen Tag später feiert das ganze Land mit zahlreichen Musikfestivals die Befreiung von der deutschen Besatzung am 5. Mai 1945. Höhepunkt ist das große Befreiungskonzert auf der Amstel vor dem Amsterdamer Rathaus in Anwesenheit der königlichen Familie.

APRIL

Koningsdag (Königstag)

Am Geburtstag von König Willem-Alexander wird die ganze Stadt ein einziger Flohmarkt, es herrscht ein fröhliches Geschiebe und Gedränge, selbst wenn es regnen sollte. Besonders gemütlich geht es im Jordaan zu. Dort machen kleine Bands Musik, und Restaurants servieren im Freien. Der Vondelpark ist an diesem Tag für die Kinder reserviert, die dort mit ihren Familien verkaufen, spielen oder Musik machen können.

27. April | in der ganzen Stadt

MAI

Dodenherdenking (Totengedenken)

Dodenherdenking ist der nationale Gedenktag für die niederländischen Opfer des Zweiten Weltkrieges und von Friedenseinsätzen. Nach einem Gottesdienst in der Nieuwe Kerk werden auf dem Dam Reden gehalten und Kränze am Nationaldenkmal niedergelegt, auch von König Willem-Alexander. Um Punkt 20 Uhr werden im ganzen Land zwei Schweigeminuten gehalten.

4. Mai | Dam

Bevrijdingsdag (Befreiungstag)

Konzerte und Festivals zur Feier der Befreiung von der deutschen Besatzung 1945. Höhepunkt ist das Befreiungskonzert auf der Amstel am Abend im Beisein der königlichen Familie.

5. Mai | Centrum | www.4en5mei amsterdam.nl

JUNI

Holland Festival

Großes Theater- und Musikfestival, auch mit vielen internationalen Produktionen. In gut drei Wochen geben national und international bekannte Ensembles auf den Bühnen der Stadt über 100 Vorstellungen.

3 Wochen im Juni | verschiedene Spielstätten | www.hollandfestival.nl

Open Tuinen Dagen (Tage der offenen Gärten)

Im Juni werden die schönsten Gärten an den Grachten gezeigt. Auch viele Privatleute öffnen dann die Türen zu ihren historischen Grachtenhäusern und Gärten. In den wunderbaren blühenden Anlagen und stilvollen Sälen wird musiziert und deklamiert.

Mitte/Ende Juni | Centrum | www. opentuinendagen.nl

JULI/AUGUST

Over 't IJ Festival

Junge Theatermacher zeigen ihre Vorstellungen in Containern, bekannte Ensembles treten im Sommer in den alten Hallen der Werft auf. Oft beziehen sie das Wasser und die historische Innenstadt mit in ihre Vorstellung ein. Und mitten zwischen den Containern und Zelten wird gegessen und Musik gemacht.

🕐 Wenn die Lichter vom anderen Ufer funkeln und der Mond über dem Wasser aufgeht, ist es besonders magisch

Anfang/Mitte Juli | Noord | Fähre ab Centraal Station: NDSM | www.over hetIJ.nl

Gaypride

Die große Bootsparade für die Rechte von Homosexuellen ist fast ein Karnevalsumzug. Auf den verrückt gestalteten Booten fahren Schwule und Lesben, sehr fantasievoll, oft nur sparsam bekleidet, durch die Grachten. An dem Spektakel beteiligen sich auch Politiker, Showstars und Organisationen.

Anfang August | Centrum | www.amsterdampride.nl

Grachtenfestival

Die Grachten werden zur Bühne: kleine und große Konzerte in alten Grachtenhäusern oder auf schwimmenden Podien auf dem Wasser. Höhepunkt und Abschluss ist das Prinsengrachtkonzert. Dann spielt das Orchester des Concertgebouw auf einem gigantischen Ponton mitten auf dem Wasser.

Mitte/Ende August | Centrum | verschiedene Spielstätten | www.grachten festival.nl

AUGUST/SEPTEMBER

Uitmarkt

Die Eröffnung der neuen kulturellen Saison wird groß gefeiert. Theater werben für ihre Vorstellungen und geben Kostproben, Orchester spielen auf dem Museumplein, neue Bücher werden präsentiert. Ein ganzes Wochenende lang kann man bei leckeren Häppchen auf den Plätzen die Evergreens aus Musicals oder Schlager mitsingen.

Ende August/Anfang September | Centrum | verschiedene Spielstätten | www.uitmarkt.nl

Jordaanfestival

Drei Tage lang dreht es sich im Herzen der Stadt um den Schlager. Das heißt, die ganz typische Variante aus dem Volksviertel Jordaan. In Kneipen und Cafés singen bekannte niederländische Stars und Volkssänger aus dem Jordaan über die Liebe und die Sehnsucht zu ihrer Stadt. Und alle, die da sind, singen mit.

Mitte September | Centrum | Tram: Marnixstraat | verschiedene Spielstätten | www.jordaanfestival.nl

NOVEMBER/DEZEMBER
IDFA

Das Internationale Dokumentarfilm-Festival genießt Weltruf. In den Kinos der Hauptstadt werden die internationalen Produktionen nicht nur einem Fachpublikum gezeigt. Reservieren ist absolut notwendig, wenn man bei diesem Festival nicht draußen bleiben will.

Ende November/ Anfang Dezember | verschiedene Spielstätten | www.idfa.nl

Sinterklaas

Traditionell bringt der Nikolaus, der Sinterklaas, den Kindern die Geschenke. Am 5. Dezember, dem »pakjesavond«, ist in den meisten Familien Bescherung. Doch die Vorfreude beginnt schon drei Wochen vorher, wenn der heilige Mann in Amsterdam einzieht. Er kommt mit dem Boot an und reitet dann auf einem Schimmel durch die Stadt, begleitet von zahlreichen schwarz angemalten lustigen Helfern, den Zwarte Pieten. Sie streuen Pfeffernüsse in die Menge.

Mitte Nov./5. Dez. | Centrum

Karneval im Sommer: Die Bootsparade der Amsterdamer Gaypride (▶ S. 48) auf den Grachten zieht am ersten Augustwochenende alljährlich Hunderttausende von Schaulustigen an.

MIT ALLEN SINNEN
Amsterdam spüren & erleben

*Reisen – das bedeutet aufregende Gerüche und neue Geschmacks-
erlebnisse, intensive Farben, unbekannte Klänge und unerwartete
Einsichten; denn unterwegs ist Ihr Geist auf besondere Art und Weise
geschärft. Also, lassen Sie sich mit unseren Empfehlungen auf das
Leben vor Ort ein, fordern Sie Ihre Sinne heraus und erleben Sie
Inspiration. Es wird Ihnen unter die Haut gehen!*

◄ Bickerseiland mit seinen alten Häusern lässt sich gut zu Fuß entdecken (► S. 51).

AKTIVITÄTEN

Havensafari 🧍‍♂️   F2

Eine abenteuerliche und einzigartige Entdeckungsfahrt durch den Amsterdamer Hafen. An der alten NDSM-Werft legt das kleine Schiff ab. Es bringt Sie zu Orten, die normalerweise nicht fürs Publikum zugänglich sind. Den Kopf im Wind, in der Nase schon die Seeluft, fahren Sie auf dem breiten Kanal Richtung Nordsee. An den Ufern ziehen gigantische Ölraffinerien vorbei, die Werften für die ganz großen Kähne, und hohe rostige Kräne.

Unter der kundigen Leitung eines Safari-Führers sehen Sie alte Verteidigungsanlagen und den historischen Kornsilo aus den 20er-Jahren – heute unter Denkmalschutz. Und dann kommen wilde und undurchdringliche Naturgebiete. Das Schiff legt bei einem ehemaligen militärischen Übungsgelände an, das nun ungenutzt ist und wo Bäume, Sträucher und Blumen wuchern.

Es sind faszinierende Aussichten auf den viertgrößten Hafen Europas und seine wilde Natur. Und während die Sonne untergeht, lauschen Sie an Bord den Geschichten von alten Hafenarbeitern und Bewohnern.

Noord | NDSM-Pier | Fähre ab Centraal Station: NDSM | www.havensafari.nl | Juli–Sept. Sa 19–22 Uhr | Ticket 25 €

Jenever brennen   E3

Jenever brennen, probieren, genießen. In der alten Destillerie Wynand Fockink kann man an einem Nachmittag die hohe Kunst des Jenever-Brennens lernen, indem man selbst den köstlichen urholländischen Trunk bereitet. Und zwar genau dort, wo schon seit Hunderten von Jahren der feine Tropfen gebrannt und probiert wird: mitten im Rotlichtviertel. Wer mag, kann anschließend noch mit einem Kenner durch das Viertel ziehen und den spannenden und witzigen Geschichten aus alter Zeit lauschen, als es in diesem Hafenviertel noch ungezählte Brennereien für Liköre und Schnaps, Brauereien und Herbergen gab.

Mit einer Flasche vom selbst gemachtem Jenever geht man dann wieder nach Hause. Führungen gibt es auch auf Englisch.

Centrum | Pijlsteeg 31 und 43 | Tram: Dam | Tel. 6 39 26 95 | www.wynand-fockink.nl | Führungen Sa 12.30 Uhr | Eintritt mit Führung inkl. Jeneverprobe 9 €, Workshop inkl. Lunch 75 €

Stadswandelkantoor

Eine der schönsten Wanderungen durch den weitgehend von Touristen noch nicht entdeckten Westen der Stadt. Lassen Sie sich von den verschiedenen Baustilen verzaubern: die schlichte, aber romantische Schönheit der Architektur des Goldenen Zeitalters, die spektakulären Neubauten von internationalen Star-Architekten, das alte und das neue Amsterdam.

Unter der Leitung eines erfahrenen Stadtführers, laufen Sie über die alten Inseln Bickerseiland und Prinseneiland mit ihren kleinen Gassen, Brücken und historischen Packhäusern. Sie sehen die uralten Giebel und hören den Lärm der Stadt nur noch gedämpft. Es kommt einem vor, als wanderte man zurück in der Zeit.

Danach gehen Sie zu den spektakulären Neubauten am Ufer des Ij und erleben die moderne Skyline. Ständig verändert sich der Stadtteil am Wasser, in dem alte Industriegebäude erhalten worden sind, aber durch Hochhäuser aus Stahl und Glas ergänzt wurden. Höhepunkt ist sicher der bei Architekturkennern berühmte Silodam der Architekten MVRDV. Führungen finden nach Absprache statt, auch auf Deutsch.

Tel. 4 19 00 22, 06 41 96 76 25 oder 06 41 96 76 55 | www.stadswandelkantoor.nl | Preis auf Anfrage

KULTUR UND UNTERHALTUNG

Festival 5 D   nördl. F 1

Ein Fest für alle Sinne mit Theater, Kochen, Konzerten. Überraschende Vorstellungen (auch zum Mitmachen), bei denen die Besucher riechen, hören, schmecken, sehen und fühlen sollen. Ursprünglich war das Festival einmalig als Begegnung für Menschen mit und ohne Behinderung gedacht. Doch es wurde ein so großer Erfolg, dass es nun alljährlich Mitte Juli stattfindet.

Noord | Tt. Neveritaweg 15 | Bus: Ataturk, Klaprozenweg, Fähre ab Centraal

Station: NDSM | Tel: 68 20 87 09 | www.festival5d.nl | Eintritt 7 €

Konzerte bei den Flamingos   G 3

Sanfter Pop oder melodischer Rock, und die Flamingos schauen verwundert zu. Der Zoo Artis lädt in den Sommermonaten jeden Samstagabend zu den »ZOOmeravondconcerten« ein. Treffpunkt ist bei den Flamingos.

Es ist eine wundervolle Atmosphäre: Die Elefanten, Affen und Vögel begeben sich langsam zur Ruhe, der Abend hält Einzug und die untergehende Sonne taucht die wunderschönen, über 175 Jahre alten Zooanlagen in ein bezauberndes Licht. Dazu erklingt die Musik meist prominenter Sänger und Bands.

Centrum | Plantage Kerklaan 38-40 | Tram: Plantage Kerklaan | Tel. 0 90 02 78 47 96 | www.artis.nl | Eintritt 15 €

Shakespeare im Wald   ▶ Karte S. 133, b 2

Bäume und Mond sind das atemberaubende Dekor der Theatervorstellungen im Amsterdamse Bos, dem wundervollen Wald am Rande der Stadt. Das Ensemble spielt im Sommer nach Sonnenuntergang in dem märchenhaften Freilufttheater. Auf dem Programm stehen oft Klassiker in modernen Inszenierungen.

Vorher trifft man sich mit dem Picknickkorb zu einem köstlichen Abendessen auf der Bühne. Wenn man keinen Korb packen möchte, kann man ein Picknick übrigens auch vorher bestellen. Und als besonderes Dessert deklamieren die Schauspieler manchmal noch ganz spontan nach der Vorstellung Gedichte oder Monologe mitten im Wald.

Die Zugabe: Ein besonderes Erlebnis ist es, in der Nacht vom Bostheater durch den dunklen Wald nach Hause zu radeln. Keine Sorge: Gefährlich ist das nicht.

Amstelveen | Duizendmeterweg 7 | Bus: Van Nijenrodeweg, dann ca. 30 Min. zu Fuß | Tel. 6 43 32 86 | www.bosthea ter.nl | Picknickkorb ab 35 €, Eintritt 15 €

WELLNESS
Entspannung auf dem Bauernhof
⚓ nördl. C 1

Buurtboerderji Ons Genoegen ist der entspannendste Ort in der ganzen Stadt. Wer die Seele baumeln lassen, in aller Ruhe unter den Bäumen picknicken oder nur den Schafen zuschauen will, besucht diesen letzten Bauernhof von Amsterdam, der von Ehrenamtlichen gemanagt wird. Auch die Aktiven sind an der richtigen Adresse: Sie kommen zum Yoga oder zum Tai-Chi. Die Jugend besucht hier sehr hippe Livekonzerte.

West | Spaarndammerdijk 319 | Bus: Station Sloterdijk, Tram: Haarlemmerweg | www.buurtboerderij.nl

Spa Zuiver ▶ Karte S. 133, b 2

Entspannung im Hammam – und das mitten im Wald. Das neue Wellnesszentrum und Hotel Spa Zuiver liegt am Rande des Stadtwaldes Amsterdamse Bos. Es bietet Entspannung pur für alle Sinne. Besonders die Kombination aus den eleganten Bädern und Saunen mit der grünen und natürlichen Umgebung des Waldes ist wunderbar. Sie können relaxen, in freier Natur wandern und dann total entspannt in die Stadt zurückkehren. Mit dem Bus oder mit dem Fahrrad brauchen Sie dafür nur rund eine Viertelstunde.

Zuid | Koenenkade 8 | Bus: Koenenkade, Van den Boechorststraat, Metro, Tram: A.J. Ernststraat, Amstelveenseweg | www.spazuiver.nl | Ticket ab 39 €, Übernachtung ab 100 €

Bei der Jeneverprobe in der Destillerie Wynand Fockink (▶ S. 51) beugt man sich zum Glas runter und schlürft den ersten Schluck, ohne die Hände zu benutzen.

AMSTERDAM
ERKUNDEN

Die Wiese vor dem Rijksmuseum (►MERIAN
TopTen, S. 120): ein guter Platz zum Ausruhen.

EINHEIMISCHE EMPFEHLEN

*Die schönsten Seiten Amsterdams kennen am besten diejenigen,
die diese Stadt seit Langem oder schon immer ihr Zuhause nennen.
Zwei dieser Bewohner lassen wir hier zu Wort kommen – Menschen,
die eines gemeinsam haben: die Liebe zu ihrer Stadt.*

Marc Visser, 48

Marc Visser sitzt am Deich auf der KNSM-Insel (▶ S. 82) und schaut aufs Wasser. Er wohnt hier in einem 100 Jahre alten Hafengebäude. Marc zeigt auf ein rosafarbenes Haus, eingeklemmt zwischen schicken und beeindruckenden modernen Gebäuden, entworfen von internationalen Star-Architekten. »Die Kombination von supermodern und alt ist Klasse«, sagt er und streicht sich durch die langen schwarzen Haare. »Aber am liebsten bin ich hier am alten Hafen. Das ist ein Museum mit all den alten Schiffen.«

Große behäbige Kähne schaukeln vor ihm im Wasser, aber auch schmale elegante Segelboote. Schiffe sind Marcs

Das Restaurant Stork (▶ S. 76) ist das Lieblingslokal von Marc Visser. Fisch und Meeresfrüchte stehen ganz oben auf der Karte, aber auch Vegetarier kommen auf ihre Kosten.

große Leidenschaft. Schon seit seiner Kindheit, sagt er. Er ist Bildhauer und baut auch Schiffsmodelle im Auftrag von Architekten. »Da unten liegt meine große Liebe. Mein Bötchen.« Marc lacht breit und sehr charmant. Bötchen ist schamlos untertrieben. Seine Eva ist eine Replika einer historischen Vergnügungsjacht aus dem 17. Jh. und wunderschön.

Damit fährt er oft hinaus aufs Ijmeer – praktisch vor seiner Haustür. »Und dann lege ich am anderen Ufer bei Stork an. Das Restaurant hat die beste Terrasse der Stadt«, findet Marc, »und die haben auch leckere Austern.«

Das Wasser fasziniert Marc am meisten an seiner Stadt: »Wenn es stürmt, dann fühle ich hier sehr stark, dass es eine Insel ist. Das ist heftig.« Seine Augen glitzern übermütig. Abends dreht er noch gern eine Runde bis zur Java-Insel. »Dann ist es am schönsten. Am Kop van Java schaue ich auf die Stadt, die Lichter spiegeln sich im Wasser und ich halte den Kopf in den Wind.«

> *»Weißt du, wann es*
> *in Amsterdam am*
> *schönsten ist? Morgens*
> *auf den Grachten,*
> *wenn die Sonne aufgeht.«*

Santje Kramer

Santje Kramer, 50

Santje Kramer treffe ich mitten in der Pijp, dem quirligen Viertel im Süden der Stadt. Sie hat zuvor beim Foodies Traiteur eingekauft (Tweede van der Helststraat 17, www.foodies-traiteur.nl). »Das Essen ist göttlich, jeden Tag gibt es etwas anderes, mal französisch, mal asiatisch.« An diesem Abend trifft sie sich mit ein paar guten Freunden zum Picknick im Sarphatipark, ganz in der Nähe.

Santje macht Dokumentarfilme, sie schreibt Bücher und wohnt praktisch um die Ecke. »De Pijp ist fast ein Dorf mit den vielen kleinen Läden und Ca-

fés. Aber eigentlich liegt in Amsterdam alles dicht beieinander.«

Der Traiteur hat ihren Picknickkorb gefüllt mit kleinen Töpfchen, Servietten, Gläsern und Holzbesteck. Es riecht köstlich: Rotes Curry mit Fisch. Santje wirft einen kurzen Blick in den Spiegel. Der knallrote Lippenstift ist perfekt. Sie lädt alles auf ihr Fahrrad. »Der Sarphatipark ist einer meiner Lieblingsparks, eine Oase«, sagt sie. Auf dem Rasen unter alten Bäumen spielen Kinder – und da sitzen auch schon ihre Freunde. »Weißt du, wann es in Amsterdam am schönsten ist?«, fragt sie und entkorkt schon mal den Wein. »Morgens auf den Grachten, wenn die Sonne aufgeht. Dann steige ich manchmal aufs Rad und werde langsam wach, gemeinsam mit Amsterdam.«

CENTRUM

Magnet für Millionen: die Grachten. Sie bezaubern bei Tag und Nacht. Die historische Innenstadt ist eigensinnig und sehr lebendig. Romantischer Jordaan, raues Rotlichtviertel, stolzer Palast, quirlige Ausgehmeile – das Zentrum hat alles.

Amsterdam ist eine Stadt des Wassers. Die vielfach besungenen Grachten, die das Zentrum wie ein Gürtel umgeben, machen die besondere und leichte Atmosphäre der Stadt aus. Aber mitten durchs Zentrum fließt auch die Amstel. Vor gut 700 Jahren bauten Siedler einen Damm gegen die Fluten der Zuiderzee. Der Rest dieses Meeres liegt heute hinter dem Hauptbahnhof: das Ij.

Dem Wasser verdankt Amsterdam seinen Reichtum. Die Schiffe der Vereinigten Ostindischen Compagnie fuhren in den Fernen Osten und kamen mit Gewürzen, Tee und Kaffee, Seide und Damast zurück. Die Spuren des Goldenen Zeitalters sieht man bis heute. Als vor 400 Jahren die schnell wachsende Bevölkerung Platz brauchte, wurden die Grachten gegraben, um das Bauland zu entwässern und so Wohnungen errichten zu können. Direkt an den Grachten entstanden Lager- und Kaufmanns-

◀ Rundfahrtboot (▶ S. 152) und Grachtenhäuser an der Keizers-, Ecke Leidsegracht.

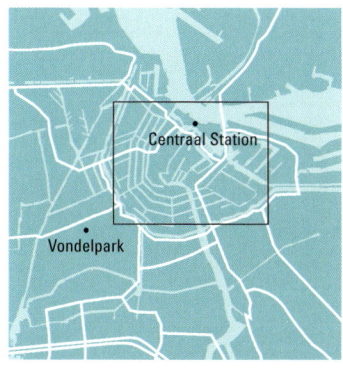

häuser. 165 Grachten hat die Stadt
heute, 90 Inseln und 1300 Brücken – das sind weit mehr, als es in
Venedig gibt.

DIE STADT AUF PFÄHLEN

Die gesamte historische Innenstadt
steht auf Pfählen. Ohne sie würde
die Stadt unweigerlich in dem mo-
rastigen Boden versinken. Große
Monumente und Prachtstraßen wie in anderen europäischen Metropolen
findet man im Zentrum nicht. Amsterdam war immer eine Bürgerstadt
und kannte keine feudalen Herrscher, die sich selbst ein Denkmal setzen
wollten.
Die Viertel um die Grachten haben alle einen besonderen Charakter. Der
älteste Teil zum Beispiel, bei der Alten Kirche und dem Nieuwmarkt,
zieht wegen des Rotlichtviertels viele Touristen an. Idyllisch ist der
Jordaan, auch wenn das einstige Viertel der kleinen Leute längst sehr chic
und trendy ist.

WIEGE DER TOLERANZ

Die hohen Mieten und Immobilienpreise an den Grachten können sich
nur noch wenige Amsterdamer leisten. Banken und Anwaltskanzleien
residieren an den Hauptgrachten, doch auch sehr viele Intellektuelle, bekannte Politiker und Stars. Der Grachtengürtel der Stadt ist auch zum
Synonym für die Elite des Landes geworden.
Das Zentrum Amsterdams gilt als Wiege der berühmten niederländi-
schen Toleranz. Jahrhundertelang nahm die Stadt Flüchtlinge und An-
dersdenkende auf: Juden, Hugenotten, flämische Katholiken und Homosexuelle. Folgen dieser liberalen Haltung sind auch der legale Verkauf von
Haschisch in den Coffeeshops und die Wallen, wo die Huren in den
Schaufenstern ihre Dienste anbieten.
Das freie Wort ist bis heute ein hohes Gut. Alle großen Zeitungen des
Landes werden in Amsterdam gedruckt, an den Grachten haben die
Buchverlage ihren Sitz, und die wichtigsten Talkshows des Landes wer-
den hier live produziert.

Tolhuistuin
Buiksloterweg
Noord-
Noord
Spreeuwenw.
Gedempte
Ketelstraat
Sixhaven
Meeuwenlaan
IJplein
Het Dok
Noordwal
Java-Fähre

Centraal Station
Het Muziekgebouw aan't IJ 65
Passagiers-terminal 6
Centraal Station 33
Piet Heinkade
Dijksgracht

St. Nicolaaskerk
Schreierstoren
Stedelijk Museum
Oosterdokskade
Dijksgracht

Mus. Ons Lieve Heer op Solder
le kerk
Bibliothek
NEMO Science Center 17
Marine Etablissement

Nieuwmarkt
Fo Guang Shan 23
Oosterdok 11
De Appel Arts Centre 10
Prins Hendrikkade
Kattenburgerstraat

Nieuw-markt 5
Binnenkant
Oudeschans
Rapenburg
Kattenburgervaart

Montelbaans-toren
Het Scheepvaart-museum 20
Katten-burger-plein
Katten-burger-gracht
Oosterkerk
Kadijken 2

Koninkl. Asscher Diamant Maat.
Schippersgracht
Kadijks-plein 32
Witten-burger-gracht
Nieuwe-vaart

Rembrandt-huis 19
Nieuwe Uilenburgerstraat
Uilenburgergracht 59
Laagte Kadijk
Hoogte Kadijk

Mozes en Aäronkerk
Rapenburgerstr.
Herengracht
Werf 't Kromhout

Stadhuis en Muziektheater 67
Visserplein 16
Wertheim-park
Verzets-museum
Planetarium
Natura Artis Magistra

Joods Historisch Museum
Portugese Synagoge
Waterlooplein
Hortus Botanicus 1
Hollandsche Schouwburg 14
Zoologisches Museum
Aquarium

Willet Holthuysen Museum 8
Hermitage Amsterdam 1
Plantage
Middenlaan

Magere Brug 4
Nieuwe
Weesperstraat
Kerkstraat
Muidergracht

Sluizen 68
Achtergracht
Valckenierstraat
Sarphati-
Tropen-museum

52

N
0   225 m
© MERIAN-Kartographie

SEHENSWERTES

Dam   E 3

Der große Platz im Zentrum hat der Stadt den Namen gegeben. Mitte des 13. Jh. wurde hier in der Amstel ein Damm aufgeschüttet. Die historischen Gebäude machen den Dam aber auch zu einem nationalen Zentrum. Im Königlichen Palast werden die großen Feste der Oranjes gefeiert. In der danebenliegenden Nieuwe Kerk (Neue Kirche) legen die Monarchen traditionell ihren Amtseid ab, und dort heiratete Willem-Alexander 2002 auch die Argentinierin Máxima. Gegenüber ragt das 22 m hohe Nationale Monument für die Opfer der Kriege empor. Durch die historischen Gebäude und auch durch das Kaufhaus De Bijenkorf ist der Dam ein beliebter Treffpunkt.

Tram: Dam

Flanieren an der Amstel

Amsterdam hat nicht nur Grachten. Wie wär's mit einem Picknick an der Amstel? Flanieren Sie von der Hermitage aus in Richtung Süden entlang der Uferpromenade und schauen Sie auf die Segel- und Ruderboote, die auf dem breiten Fluss vorbeiziehen (▶ S. 12).

Grachten   E 2

Singel-, Prinsen-, Heren- und Keizersgracht sind die Hauptgrachten, die sich wie ein Gürtel um das Zentrum winden. Dazwischen bilden kleinere Grachten ein sehr romantisches Netz von Wasserstraßen. Der Grachtengürtel gehört zum Weltkulturerbe der UNESCO.

Bus, Tram: Westermarkt, Dam/Raadhuisstraat

❶ Hortus   F 3

Im Viertel Plantage, dem einstigen Lustgarten der reichen Kaufleute, liegt einer der ältesten botanischen Gärten der Welt. Seit 375 Jahren blühen und wuchern im Hortus Palmen und Orchideen. Eine kleine und sehr beliebte Oase.

Plantage Middenlaan 2A | Tram: Mr. Visserplein | www.dehortus.nl | tgl. 10–17 Uhr | Eintritt 8,50 €

Jordaan   D/E 2

Das vielfach besungene Kleine-Leute-Viertel ist fast schon eine Stadt an sich. Die engen Gassen, Vorgärtchen und hutzeligen Häuschen haben viel von ihrem alten Charme bewahrt. Der Jordaan ist der Kern des Ur-Amsterdams. Die Menschen hier sind für ihre freche Schnauze und ihr großes Herz bekannt. Heute ist es mit vielen kleinen schicken Boutiquen und Galerien sehr trendy. Amsterdamer lieben das gesellige Treiben.

Bus, Tram: Marnixplein

❷ Kadijken   G 3

Abseits der Touristenströme liegt diese Insel. Im 17. Jh. schützten die Deiche, »Kadijken«, die Schiffswerften. Nun sind die alten Anlagen und Packhäuser traumhafte Wohnhäuser mit idyllischen Gärtchen.

Tram: Hoogte Kadijk

❸ Koninklijk Paleis (Königlicher Palast)   E 3

Den Palast auf dem Dam ließen die Bürger ab 1648 ursprünglich als Rat-

Der Koninklijk Paleis (▶ S. 62), der Königliche Palast, wurde Mitte des 17. Jh. als Rathaus errichtet. Rechts daneben steht die Nieuwe Kerk (▶ S. 63), die Neue Kirche.

haus errichten. 1935 wurde er aus Geldnot an den Staat verkauft. Heute wird er von der königlichen Familie für Empfänge genutzt.

Nieuwezijds Voorburgwal 147 | Tram: Dam/Raadhuisstraat | www.paleisamsterdam.nl | tgl. 11–17 Uhr | Eintritt 10 €

④ Magere Brug ▮F4

Die Holzbrücke über die Amstel wurde seit dem 17. Jh. mehrfach erneuert oder sogar ersetzt. Damals wie heute wird sie ab und zu hochgezogen, um Schiffe durchzulassen.

Bus, Tram: Keizersgracht (Utrechtsestraat), Prinsengracht (Utrechtsestraat)

⑤ Nieuwmarkt ▮F3

Die mittelalterliche Stadtwaage dominiert den großen Platz. Mit den vielen Cafés und netten Kneipen ist er ein beliebtes Ausgehziel: An Wochenenden wimmelt es von Touristen.

Metro: Nieuwmarkt

⑥ Nieuwe Kerk ▮E2

Neu ist diese berühmteste Kirche der Stadt sicher nicht, aber eben etwas neuer als die alte Kirche. Heute ist sie Schauplatz großer Ausstellungen.

Dam 12 | Tram: Dam | www.nieuwekerk.nl | tgl. 10–17 Uhr

⑦ Oude Kerk ▮F2

Die Alte Kirche von etwa 1300 ist das älteste Gebäude der Stadt. Fischer bauten sie als Gotteshaus, aber reparierten dort auch ihre Netze. Amsterdamer nennen die Kirche ihr Wohnzimmer, weil sie für Generationen ein Mittelpunkt des Lebens war. Rembrandt bestattete dort 1642 seine geliebte erste

Frau Saskia. Heute ist die Kirche auch Ort für Ausstellungen und Konzerte.
Oudekerksplein 23 | Tram: Dam, Nieuwezijds Kolk | www.oudekerk.nl | Mo–Sa 11–17.30, So 13–17 Uhr

8 Portugese Synagoge F3

Vertriebene portugiesische Juden bauten 1675 diese monumentale Synagoge, damals die größte der Welt. Auch heute wird sie noch als Gotteshaus benutzt. Wie durch ein Wunder überstanden sie und ihre weltberühmte Bibliothek auch den Zweiten Weltkrieg.

🕐 Nach Einbruch der Dunkelheit hüllen über 1000 Kerzen den Innenraum in ein magisches Licht.
Mr. Visserplein 3 | Tram: Mr. Visserplein | www.portogesesynagoge.nl | April–Okt. So–Do 10–17, Fr 10–16, Nov.–März So–So 10–16, Fr 10–14 Uhr

---

Auszeit im Begijnhof ◆ 2

Eine mittelalterliche Oase der Ruhe ist das »hofje« des Begijnhofs mit Rosengärtchen und Kapelle.
(▸ S. 12).

⭐ **De Wallen** F 2/3

Rund um die Straße Zeedijk werden Sie vor allem rot sehen. Rot sind die Schaufenster, in denen Prostituierte ihre Dienste anbieten. Doch außer Huren gibt es auch Haute Couture. Im Kampf gegen Frauenhandel und Geldwäsche wurden viele Fenster an junge Designer vermietet, darunter auch Lieblingsschneider von Königin Máxima. In den lärmigen Bars und Coffeeshops drängen sich viele Touristen.
Metro, Tram: Centraal Station

MUSEEN UND GALERIEN

9 **Amsterdam Museum** ▸ S. 116
⭐ **Anne Frank Huis** ▸ S. 116
10 **De Appel Arts Centre** ▸ S. 116
11 **Bijbels Museum (Biblisches Museum)** ▸ S. 116
12 **Foam** ▸ S. 118
13 **Het Grachtenhuis** ▸ S. 118
⭐ **Hermitage Amsterdam** ▸ S. 118
14 **Hollandsche Schouwburg** ▸ S. 119
15 **Huis Marseille** ▸ S. 119
16 **Joods Historisch Museum (Jüdisches-historisches Museum)** ▸ S. 119
17 **Nemo Science Center** ▸ S. 119
18 **Pianola Museum** ▸ S. 120
19 **Rembrandthuis** ▸ S. 120
20 **Het Scheepvaartmuseum (Schifffahrtsmuseum)** ▸ S. 120
21 **Tassenmuseum Hendrikje (Taschenmuseum)** ▸ S. 121
22 **Woonbootmuseum** ▸ S. 121

ESSEN UND TRINKEN
RESTAURANTS

23 **A-Fusion** F2

Edel asiatisch – Rot-goldener China-Kitsch ist hier Fehlanzeige. In dem modernen Restaurant mitten in Chinatown wird das Beste aus der asiatischen Küche leicht und frisch zubereitet. Ein Häppchen schmeckt leckerer als das nächste: Sushi, krokante Ente, Dim Sum …
Zeedijk 130 HS | Metro 54: Nieuwmarkt | Tel. 3 30 40 68 | www.a-fusion.nl | €€

24 **Bordewijk** F2

Klassiker beim Jordaan – Seit über 25 Jahren ist das Bordewijk eines der besten Restaurants Amsterdams. An einfachen Tischen und unter Lichtobjekten schlemmen die Feinschmecker. Das Personal verwöhnt und versorgt

Sie. Und man wird wirklich herrlich bekocht.

Noordermarkt 7/HS | Tram: Nieuwe Willemsstraat | Tel. 06 24 38 99 | http://bordewijk.nl | Di–Sa 18.30–22.30 Uhr | €€€

25 **D'Vijff Vlieghen** ▸ S. 28
26 **Kwekkeboom** ▸ S. 28
27 **Moeders** ▸ S. 28
28 **Toscanini** ▸ S. 29

29 **Vinnies Deli** E 2

Entspannt – Relaxed essen und Kaffee trinken: Auf Vintage-Designerstühlen trinken Nachbarn ihren Kaffee oder treffen sich Geschäftsleute zum Mittagessen. Bei den Preisen muss man zwar etwas schlucken, aber alles ist biologisch und selbst gemacht.

Haarlemmerstraat 46-hs | Tram: Martelaarsgracht, Centraal Station | Tel. 7 71 30 86 | www.vinniesdeli.nl | Mo–Fr 7.30–18, Sa, So 9.30–18 hr | €

CAFÉS

30 **Café Americain** D 4

Seit über 100 Jahren hat das Américain ein wenig vom Flair der Belle Époque. Nicht billig, aber die Art-Nouveau-Atmosphäre macht das wett. Unter den hohen Decken und beim gedämpften Licht der Jugendstillampen speist man kultiviert.

Leidsekade 97 | Tram: Overtoom, Leidseplein | www.cafeamericain.nl | tgl. 12–22.30 Uhr

31 **Café de Jaren** ▸ S. 28

32 **Café Kadijk** G 3

In dem kleinen Café auf dem Deich treffen sich die Nachbarn auf ein Bierchen und ein Häppchen. Aber was für eins: In der Mini-Küche wird Indonesisch vom Allerfeinsten gezaubert – scharf und aromatisch. Rendang oder Kipsaté mit selbst gemachter Erdnusssoße.

Kadijksplein | Tram: Rembrandtplein | www.cafekadijk.nl | So–Do 16–1, Fr, Sa 16–3 Uhr

Wollen Sie's wagen?

Amsterdamer Huren sitzen in den offenen Schaufenstern. Wagen Sie das auch? Fotoshooting im Hurenfenster: Eine Ex-Prostituierte zeigt, wie das funktioniert. »Arbeitskleidung« müssen Sie aber selbst mitbringen. Keine Angst: Kunden können nicht hereinkommen.

Pic | Enge Kerksteeg 3 | www.pic-amsterdam.com | Workshop inkl. Foto 65 €

33 **Grand Café 1e Klas** F 2

Der ehemalige Wartesaal für Zugreisende der ersten Klasse im Hauptbahnhof ist eine perfekte Kulisse für Hollywoodschinken über Liebe und Abschied. Hohe holzgetäfelte Decken, Jugendstillampen und Palmen zeichnen das Grand Café 1e Klas aus.

Glockenspiel Westerkerk **3**

Das Programm der Glockenspieler der ehrwürdigen Westerkerk ist vielseitig. Alle 15 Min. gibt es eine kleine Kostprobe (▸ S. 13).

Stationsplein 15 (am Gleis 2b, Hauptbahnhof) | Tram: Centraal Station | www.restaurant1eklas.nl | tgl. 8.30–23 Uhr

Mini-Kreuzfahrt auf dem Ijmeer

Eine kostenlose Grachtenrundfahrt zur NDSM-Werft: 15 Min. lang schippern Sie auf dem Ijmeer immer immer Richtung Meer. Das ist abends besonders magisch (▶ S. 13).

BARS

34 Bar Dvars E 4

Meistershaker Andrew Nicolls schüttelt die besten Cocktails der Stadt. Wer die nicht mag, kann auch einfach nur Champagner trinken. Die relaxte und hippe Bar ist nicht nur bei schwulen Gästen angesagt.

Reguliersdwarsstraat 44 | Tram: Rembrandtplein, Keizersgracht (Vijzelstraat) | www.dvars.nl | Mi, Do, So 16–1, Fr, Sa 16–3 Uhr

35 Café Heuvel E 4

Vergilbte Fotos, dumme Sprüche an der Wand. Renovierung ist seit Jahren ein Fremdwort. An der Bar stehen Stammgäste, vom Straßenfeger bis zum Bankdirektor – jeder kennt jeden. Und wenn Sie nicht jeden kennen, dann sorgen die dafür, dass sich das schleunigst ändert.

Prinsengracht 568 | Tram: Spiegelgracht | www.cafeheuvel.nl | So–Do 10–1, Fr, Sa 10–2 Uhr

36 Café de Prins D 2

Irgendwann kommt jeder einmal ins Prins. Studenten, Handwerker oder Banker treffen sich zum »borrel«, dem Umtrunk nach der Arbeit. Dazu gibt es »bitterballen«, feine frittierte Kalbfleischbällchen.

Prinsengracht 124 | Tram: Westerkerk | www.deprins.nl | So–Do 10–1, Fr, Sa 10–2 Uhr

37 Vyne D 3

Bis zur Decke stapeln sich die edlen Weinflaschen in dieser trendy minimalistischen Bar. Die Auswahl ist wirklich exquisit.

Prinsengracht 411 | Tram: Westermarkt | www.vyne.nl | Mo–Do 18–24, Fr, Sa 17–1, So 16–22 Uhr

EINKAUFEN

ACCESSOIRES

38 Het Grote Avontuur E 2

Ein Laden wie ein Museum. Hier gibt es Dinge zum Träumen, Bewundern und Mit-nach-Hause-nehmen – alte französische Schulbilder, schönes Papier oder Glücksschühchen für Babys.

Haarlemmerstraat 25 | Bus: Singel, Tram: Maartelaarsgracht | http://hetgroteavontuur.nl

39 Kitsch Kitchen D 2

Bunt, schrill, Plastik: Es lebe der Kitsch! Wer schon immer einen besonderen Überzug für seinen Fahrradsattel gesucht hat, wird hier fündig. Oder die eigenwillige Schürze? Kein Wunder, dass die Kunden immer fröhlich sind.

Rozengracht 8–12 | Tram: Dam, Spui | www.kitschkitchen.nl

BÜCHER

40 American Book Center E 3

Wie durch ein Schneckenhaus schlendert man durch das Sortiment von englischsprachigen Büchern bis nach oben in den dritten Stock. Ein Paradies für Bücherfreunde.

Spui 12 | Tram: Spui | www.abc.nl

41 Athenaeum ⚓ E 3

Der total verwinkelte Laden ist vollgestopft mit Büchern. Hier trifft man auch berühmte niederländische Schriftsteller. Das Newscenter nebenan hat eine Riesenauswahl an internationalen Zeitungen und Zeitschriften.

Spui 14-16 | Tram: Spui | www.athenaeum.nl

DELIKATESSEN

42 Kaashuis Tromp ▸ S. 40

43 Puccini ⚓ F 3

Für die Schokoladentrüffel von Puccini macht jeder einen Umweg. Zum Laden

gehört eine kleine Espressobar, in der man auch wunderbar frühstücken kann.

Staalstraat 21 | Tram: Muntplein, Rembrandtplein | www.puccini.nl

44 Wijs & Zonen ⚓ F 2

Im Kaffee- und Teehandel spürt man die alte Zeit des Handels mit Kaffee und Gewürzen. Probieren Sie mal Kopi Luwak. Schmeckt nach Urwald und Schokolade.

Zeedijk 43 | Tram: Centraal Station | www.hofjevanwijs.nl

DESIGN

45 Droog Design ▸ S. 40

46 Frozen Fountain ⚓ D 3

In zwei großen Häusern haben Sie die Qual der Wahl: Design, wohin man

Ausgefallene Sorten und gute Laune: Kaffee- und Teeliebhaber sollten sich das Wijs & Zonen (▸ S. 67) nicht entgehen lassen. Das traditionsreiche Geschäft gibt es seit 1792.

schaut. Möbel, Accessoires, Lampen, Stoffe. Von großen Namen wie Piet Hein Eek bis zu ganz jungen Talenten. Prinsengracht 645 | Tram: Overtoom, Spui | www.frozenfountain.nl

47 Sprmrkt D 3

Ein Supermarkt für fast alles. Musik, Möbel oder Mode von angesagten Designern wie Margiela und Rick Owens. Beim Shoppen können die Kunden auch noch die Werke junger Künstler bestaunen, die hier ausstellen. Rozengracht 191-193 | Tram: De Clercqstraat, Marnixstraat/Rozengracht | www. sprmrkt.nl

KAUFHÄUSER
48 Bijenkorf ‣ S. 40
49 Hema ‣ S. 40

LÄDEN
50 Jacob Hooy ‣ S. 41
51 P.G.C. Hajenius ‣ S. 41

MODE
52 Centre Neuf F 4

Mode vom Feinsten. Hier kauft die Amsterdamerin mit Geschmack und Geld europäische Designer: Paul und Joe, Acne Jeans oder Marc by Marc Jacobs. Übrigens: Ein paar Häuser weiter kommen die Herren bei Cowboys2Catwalk auf ihre Kosten.

Frühstück am Noordermarkt

Frisches Brot und Käse vom Biomarkt, dazu eine Bank – ein Frühstück könnte nicht schöner sein! (‣ S. 13)

Utrechtsestraat 139 | Tram: Prinsengracht (Utrechtsestraat), Weteringcircuit/ Weteringschans, Frederiksplein | www. centreneuf.com

53 Koko Coffee&Design E 3

Am Mini-Laden mitten im Rotlichtviertel kann man vorbeilaufen. Das wäre schade. Denn das leicht chaotische Koko bietet die charmante Kombination aus Kaffee und Mode, Design und Kunst. Und köstliche Kuchen! Oudezijds Achterburgwal 145 | Tram: Dam | www.ilovekoko.com

54 Maison de Bonneterie ‣ S. 40

55 Rika E 3

Der Shop der schwedischen Designerin Ulrika ist längst kein Geheimtipp mehr. Der coole skandinavische Chic hat treue Fans in Amsterdam. Oude Spiegelstraat 9 | Tram: Spui | www.rikaint.com

56 Smaak D 3

Die erste Adresse für Taschenfans: von der Clutch bis zur IT-Bag. Und da die feinen Taschen bezahlbar sind, kann man zur Not auch zwei nehmen. Berenstraat 39 | Tram: Spui | www. smaakamsterdam.com

57 Stout D 3

Stout heißt frech. Und das ist die Lingerie, die hier verkauft wird. Modebewusste Amsterdamerinnen kaufen hier ihre Unterwäsche und freches Spielzeug für sehr intime Stunden. Alles ist so dezent, dass keiner rote Ohren bekommen muss. Berenstraat 9 | Tram: Kinkerstraat, Spui | www.stoutinternational.com

58 United Nude E 2

Schon das Schaufenster ist ein echter Hingucker: Die Schuhmodelle von Designer Koolhaas mit den verrücktesten Absätzen. Bunt und schrill.

Spuistraat 125A | Tram: Spui | www.unitednude.com

SCHMUCK

59 Gassan F 3

Amsterdam ist auch eine Diamantenstadt. Die edlen Steine werden hier geschliffen und unter anderem zu Brillanten verarbeitet. Hier können Sie das direkt miterleben.

Nieuwe Uilenburgerstraat 173–175 | Tram: Spui | www.gassan.com

KULTUR UND UNTERHALTUNG

KABARETT

60 Boom Chicago D 3

Witz und Biss seit 20 Jahren. Die Comedy-Shows des Boom Chicago auf Englisch und immer zu aktuellen Themen sind schon Kult.

Rozengracht 117 | Tram: Elandsgracht, Marnixstraat, Rozengracht | Tel. 2 17 04 00 | www.boomchicago.nl

KINO

61 The Movies D 1

Wunderschönes, über 100 Jahre altes Jugendstil-Kino. Hier werden wirklich gute europäische Filme gezeigt. Vorher kann man in dem ebenso traumhaften Ambiente im Restaurant sehr stilvoll essen.

Haarlemmerdijk 161 | Tram: Frederiksplein, Haarlemmerplein | Tel. 6 38 60 16 | www.themovies.nl | Karten ab 9,50 €

62 Pathé Tuschinski ▸ S. 44

KONZERTE

63 De Kleine Komedie E 3

In dem kleinen Theater aus dem Jahre 1786 bekommen vor allem Solo-Artisten für Chanson-Abende und Konzerte eine besondere Bühne.

Amstel 56-68 | Tram: De Munt, Rembrandtplein | Tel. 6 24 05 34 | www.dekleinekomedie.nl |

64 Melkweg D 4

Konzert-Podium mit Tradition für Pop-, Jazz-, Folk- oder Rockkünstler. In mehreren Sälen wird auch debattiert und Theater gespielt.

Lijnbaansgracht 234 | Tram: Leidseplein | Tel. 5 31 81 81 | www.melkweg.nl | Karten ab 10 €

65 Muziekgebouw aan 't IJ ▸ S. 45

THEATER, MUSICAL, OPER

66 Frascati Theater E 3

Das Theater zeigt ein eigenwilliges Programm mit vielen internationalen Produktionen und modernem Tanz.

Nes 63 | Tram: Dam, Spui | Tel. 6 26 68 66 | www.frascatitheater.nl | Karten ab 20 €

67 Het Muziektheater ▸ S. 45
68 Koninklijk Theater Carré ▸ S. 45
69 Stadsschouwburg ▸ S. 45

Aussicht vom Muziekgebouw 6

Von der Terrasse des Muziekgebouw aus den Passagieren auf den Kreuzfahrtschiffen zuwinken – mit einem Glas Prosecco in der Hand (▸ S. 14).

NOORD

*Einst verschrien als Viertel mit einem Haufen sozialer Probleme ist
der Norden heute der Hotspot. Zwischen rostigem Eisen auf der alten
NDSM-Werft blüht es. Kunst, spannende Initiativen, In-Kneipen –
und das alles vor der spektakulären Wasserkulisse.*

Lang galt der Norden von Amsterdam bei vielen Hauptstädtern als das
Ende der Welt. Das Wasser, das Ij hinterm Hauptbahnhof, schien unüber-
brückbar. Doch heute ist das Viertel der Booming-Stadtteil. Alternative,
Kreative und Medienunternehmen zogen in die alten Hallen der ruhm-
reichen NDSM-Werft. Dann entdeckten Cafés und Restaurants den besonderen Ort mit der fantastischen Aussicht auf das Wasser und die alte
Stadt. Inzwischen gilt diese Entwicklung fast für den gesamten Uferstrei-
fen. Blickfänger ist das Eye, das Filmmuseum direkt hinter dem Hauptbahnhof – heute eine der Hauptsehenswürdigkeiten der Stadt.

REMBRANDT UND DIE GEHÄNGTE

Dass Amsterdam Noord lange eher ein Stiefkind der Stadt war, lag sicher
nicht nur am Wasser. Es gibt Brücken, Tunnel und rund um die Uhr fah-

◄ Ein kreativer Ort und ziemlich angesagt: die alte NDSM-Werft (▶ S. 72).

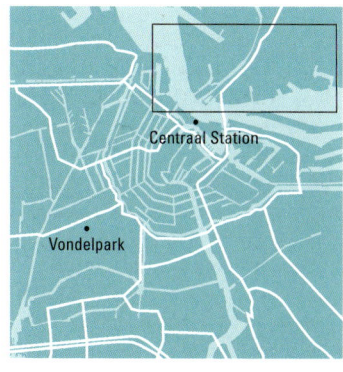

ren Fähren hin und her – und die sind auch noch gratis.

Doch jahrhundertelang hatte der Stadtteil einen schlechten Ruf. Bis 1795 lag dort das Galgenfeld. Die Verurteilten wurden nach ihrer Hinrichtung auf dem Dam in der Stadt dort zur Abschreckung aufgehängt. Die letzte Unglückliche war ein dänisches Dienstmädchen, das seine Zimmerwirtin getötet hatte. Rembrandt ließ sich damals in einem Boot zum Galgenfeld rudern und zeichnete 1664 ein bewegendes Porträt von Elsje Christiaens. Die niederländische Schriftstellerin Margriet de Moor greift die Geschichte in dem 2010 erschienenen Roman »Der Maler und das Mädchen« auf.

Eigentlich besteht der Stadtteil aus vielen Dörfern, die sich bis heute ihren eigenen Charakter bewahrt haben. Und die Landschaft, das Wasser und die großen Parks machen Amsterdam Noord zum grünsten Stadtteil, von dem man aus schnell das Ijsselmeer erreicht. Das hat nun auch der Rest von Amsterdam entdeckt.

NEUE BLÜTE AUF INDUSTRIERUINEN

Noord war lange als schmutziges Industriegebiet verschrien. Denn seit dem 19. Jh. hatten hier nicht nur die Schiffswerften, sondern auch die chemische Industrie, das Ölunternehmen Shell und der Flugzeugbauer Fokker gigantische Anlagen. Für die Arbeiter wurden für damalige Begriffe moderne Siedlungen errichtet. Nach dem Zweiten Weltkrieg wurden Wohnungen auch an sozial schwache Familien zugewiesen. So konnte sich das Image bestätigen: Wer da wohnt, hat keine Wahl.

Als der Amsterdamer Hafen seine Bedeutung verlor, bedeutete das den Niedergang der großen Industrie. Die gigantischen Anlagen lagen brach. Arbeitslosigkeit und soziale Probleme beherrschten den Norden. Doch in den Ruinen der Industrie begann die neue Blüte des Stadtteils. Noch immer gibt es gesellschaftliche Schwierigkeiten, doch das Image hat sich dramatisch verändert. Die Neubauten am Ufer gehören heute schon zu den begehrtesten und teuersten Adressen der Stadt.

SEHENSWERTES

1 NDSM 🛥 nördl. E 1

Auf der früheren Werft der niederländischen Dampfschiffsbaugesellschaft werden keine Schiffe mehr gebaut. Es ist der Ort der Pioniere. Wer Ideen hat, Platz braucht, aber wenig Geld hat, der zieht in den Norden Amsterdams. Denn in dieser »Selfmade City« ist nichts straff organisiert und reglementiert. In den gigantischen Hallen findet man die Ateliers von Bildhauern, Möbelmachern und Theaterleuten, aber auch Medienfirmen, Filmstudios, hippe Unternehmen und eine irre Indoor-Skatebahn. Überall wird an neuen Energiequellen, schwimmenden Häusern, experimentellen Theatervorstellungen oder neuen Medien getüftelt. Die rostigen Schiffswracks und Hallen dienen oft als Kulisse für Festivals und Konzerte.

Bus: Ataturk, Klaprozenweg, Fähre: ab Centraal Station Richtung NDSM | www.ndsm.nl

2 Noorderpark 🛥 nördl. G 1

Die grüne Lunge des Stadtteils besteht eigentlich aus zwei Parks entlang des alten Nordholländischen Kanals. Sie entstanden nach den Idealen der Stadtplaner zu Beginn des 20. Jh. Die armen Arbeiter aus den verslumten Wohnvierteln im Zentrum sollten in einer

gesunden Umgebung leben. Rund um die damals modernen Gartenstädte wurden die Parks im englischen Stil angelegt und vor einigen Jahren miteinander verbunden. Eine aus Abfällen und Trödel aufgebaute Designbar ist inzwischen auch ein kultureller Treffpunkt der Stadt.

Floraparkweg 1 | Bus: Waddenweg, Fähre: ab Centraal Station Richtung Buiksloterweg | www.noorderpark.amsterdam.nl, www.noorderparkbar.nl

❸ Vliegenbos  H 1

Ein einzigartiger Stadtwald, der älteste von Amsterdam. Die Stadt braucht freie Natur und keine Grünanlagen,

hatte der Gründer Hubert Willem Vliegen vor über 100 Jahren gesagt. Zum Glück. Denn dies ist ein Wald, kein Park. Bis heute wird in weiten Teilen in diesem »Wald der Arbeiter« nicht in den Kreislauf der Natur eingegriffen. Im Vliegenbos tummeln sich zur Freude aller Naturliebhaber zwischen Eschen und Ulmen ungestört Hasen und Igel, Spechte, Bussarde und Eisvögel sowie eine Vielzahl von Schmetterlingen und Libellen.

Meeuwenlaan 138 | Bus: Johan van Hasseltweg | www.vliegenbos.info

MUSEEN UND GALERIEN
❼ Eye ▸ S. 117

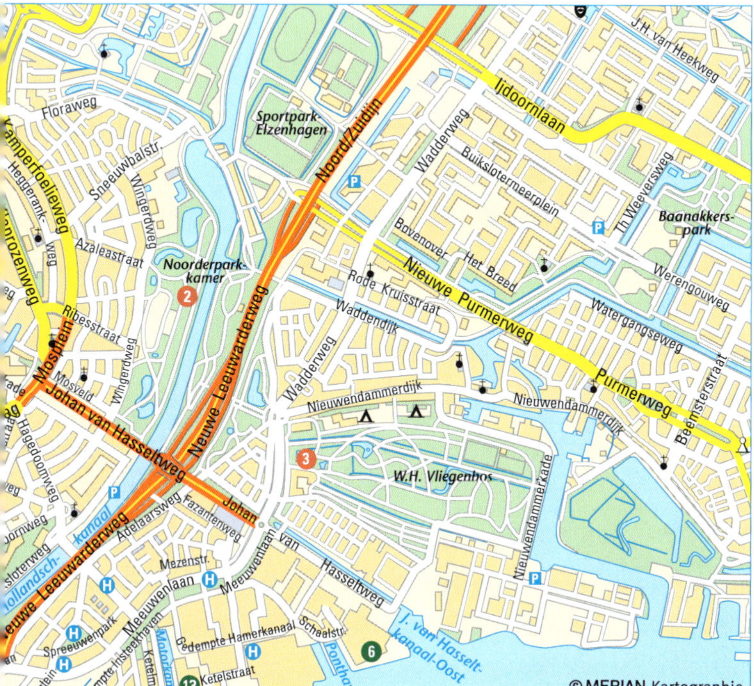

ESSEN UND TRINKEN
RESTAURANTS

④ Café Modern  F1

Viel Fisch – In einer alten Bank kocht Chefkoch Sander van Melick wöchentlich ein anderes Fünf-Gänge-Menü, mediterran, leicht und mit viel Fisch. Auch viele Promis genießen das Essen und die gesellige ungezwungene Atmosphäre. Statt Kronleuchtern hängen hippe Fahrräder unter der Decke, und am früheren Bankschalter gibt es kein Geld, sondern Getränke. Und auf dem Weg zum Klo kann man noch einen Blick in die alten Tresore im Keller werfen.

Meidoornweg 2 | Bus: Mosplein, Meidoornplein, Fähre ab Centraal Station: Richtung Buiksloterweg | Tel. 4 94 06 84 | www.modernamsterdam.nl | Mo–Sa 12–22 Uhr | €€€

⑤ Café Noorderlicht nördl. E 1

Relaxte Romantik – In dem halbrunden alten Gewächshaus wird feine Bio-Küche serviert (unbedingt reservieren!). Der Klassiker ist Käsefondue. Bei Noorderlicht trifft man sich. Alles läuft leicht chaotisch, aber einfach nett. Es ist der Treffpunkt für alle, die ebenfalls nett und unkompliziert sind. Auch gestresste Manager relaxen hier, dann allerdings ohne Schlips. Bei schönem Wetter sitzt man auf der Terrasse oder lässt am Ufer die Füße ins Wasser baumeln. Irgendwann brennt dann ein Lagerfeuer, und es spielt jemand Gitarre. Die letzte Fähre geht um ein Uhr nachts.

NDSM-pier 102 | Bus: Ataturk, Klaprozenweg, Fähre ab Centraal Station: Richtung NDSM | Tel. 4 92 27 70 | www.noorderlichtcafe.nl | tgl. 11–ca. 22 Uhr | €

Im Hotel Goudfazant (▶ S. 75) kann man zwar nicht übernachten, dafür aber in dem Ambiente einer ehemaligen Industriehalle französische Küche genießen.

6 Hotel Goudfazant 🏴 H1

Französische Küche – Wer hier essen gehen will, braucht schon etwas Abenteuerlust. Lassen Sie sich aber von dem Weg über ein leicht heruntergekommenes Gelände nicht abschrecken. Wenn Sie einmal in der gigantischen Industriehalle sind, wissen Sie, warum es sich lohnt. Lange Reihen weiß gedeckter Tische mit roten Stühlen, ein enormer Kronleuchter wirft sein Licht durch Dutzende von Milchflaschen und dann stehen da auch noch ein paar scharfe Oldtimer in einer Ecke. Aus der offenen Küche riecht es köstlich. Es wird klassisch französisch gekocht. Amsterdamer gehen mit Freunden oder ihren Eltern zum Goudfazant. Die Aussicht aufs Wasser ist phänomenal. Nur schade, dass es kein Hotel ist. Aber der Name klang einfach besser so, fanden die Eigentümer.

Aambeeldstraat 10 H | Bus: Johan van Hasseltweg | Tel. 6 36 51 70 | www. hoteldegoudfazant.nl | Di–So | €€€€

7 IJ-kantine 🏴 nördl. E1

Mediterran – Die IJ-kantine aus dem Jahre 2005 ist bereits die alte Dame der Werft, wo sich alles in einem irren Tempo verändert. Und noch immer ist es hier urgemütlich. In dem hohen total verglasten Raum, der ehemaligen Werftkantine, sitzen Geschäftsleute, aber auch Amsterdamer mit ihren Eltern gemütlich auf den bunten Stühlen zum Frühstück, Mittag- oder Abendessen. Auf der breiten Terrasse kann man beim »kopje koffie« oder bei einem Bierchen das Treiben am Hafen beobachten, wo die Fähren anlegen und auch noch ein altes U-Boot im Wasser dümpelt. Kantinenfutter gibt es übrigens nicht in der IJ-kantine. Es wird fröhlich mediterran gekocht.

Mt. Ondinaweg 15–17 | Tel. 6 33 71 62 | Bus: Klaprozenweg, Fähre ab Centraal Station: Richtung NDSM | www.ijkantine.nl | tgl. 9–ca. 22 Uhr | €€

8 Loetje 🚩 🏴 nördl. F1

Steak und Fritten – Kaum war Loetje am Nordufer eröffnet, strömte Amsterdam dorthin. Und das nicht nur wegen der sensationellen Aussicht aufs Wasser. In dem runden Pavillon fast ganz aus Glas, mit viel Holz und etwas Stahl gibt es »the best steak in town«, sagen Kenner.

Werfkade 14 | Fähre: Richtung NDSM, Bus: Ataturk, Stenendokweg | Tel. 2 08 80 00 | http://loetjeaantij.loetje.com | tgl. 7–22.30 Uhr | €

9 Pannenkoekenboot 🏴 nördl. E1

Pfannkuchen – Essen, so viel man will, und dann noch auf einem Rundfahrtboot? Klingt gefährlich nach Touristenfalle. Ist aber echt witzig. Ja, es gibt Pfannkuchen – süß und herzhaft – bis zum Abwinken. Und dazu eben diese einzigartige Rundfahrt durch den Amsterdamer Hafen. »Supergezellig«, wie der Amsterdamer sagt.

Ms. van Riemsdijkweg | Bus: Ataturk, Klaprozenweg, Fähre ab Centraal Station: Richtung NDSM | Tel. 6 36 88 17 | www. pannenkoekenboot.nl | Mi, Fr–So | €

10 Pllek 🏴 nördl. E1

Industrie-Design – Plek heißt auf Holländisch Ort, und vielleicht schreibt sich dieses Café-Restaurant mit zwei l, weil es ein besonderer Ort ist. Auf den rohen Holzbänken und an langen Tischen sitzen die kreative Szene und

Besucher der Werft. Das Café wurde vollständig aus Industriematerialien gebaut, alte Schiffscontainer waren die wichtigsten Bausteine. Es entstand ein hypermoderner Ort, mit WLAN und dem schnellsten Internet der Stadt ausgerüstet. Vielen nutzen Pllek auch als flexiblen Arbeitsplatz, obwohl kaum jemand bei dieser Aussicht überhaupt noch auf den Laptop schaut. Gekocht wird nur biologisch.

T.T. Neveritaweg 59 | Tel. 2 90 00 20 | Bus: Ataturk, Klaprozenweg, Fähre ab Centraal Station: Richtung NDSM | www.pllek.nl | tgl. 9.30–22 Uhr | €€

11 Pont 13   nördl. F 1

Idyllische Lage – Zugegeben: Es ist nicht einfach zu finden. Mitten im Holzhafen liegt die ausrangierte Fähre, auf der nun sehr sorgsam und mit viel Liebe gekocht wird. Alles frisch vom Bauern und dem eigenen Hof in Italien. Die Gäste sitzen bei Antipasti und Prosecco zwischen Blumen, Salbei und Tomaten auf dem Deck und sehen, wie die Sonne hinter den Frachtkähnen untergeht.

Haparandadam 50 | Bus: Zaanhof/Koogstraat | Tel. 7 70 27 22 | www.pont13.nl | tgl. 12–22 Uhr | im Winter nur für Gruppen | €€

12 REM Eiland nördl. E 1

Atemberaubende Aussicht – Die Lage ist unschlagbar. Oben auf der alten Station eines Piratensenders nimmt einem der Blick auf den Hafen, das Ijmeer und die Skyline den Atem. Doch auch ein Blick auf den Teller lohnt sich: Heilbutt in Weißwein oder Risotto mit Kräutern. Hier treffen sich die Intellektuellen und kosmopolitischen Amster-

damer. Übrigens muss keiner die steilen Leitern nach oben klimmen. Es gibt einen Lift.

Haparandadam 45–2 | Bus: Zaanhof/Koogstraat | Tel. 6 88 55 01 | www.rem eiland.com | tgl. 12–ca. 22 Uhr | €€

13 Stork   G 1

Fisch – In der alten Schiffsmotorenfabrik am Nordufer werden feiner Fisch und Meeresfrüchte serviert. Hummer und Hering, Krebse und Krabben. Die gigantische Industriehalle ist ein Hotspot vor allem für Künstler und Kreative, aber auch andere Amsterdamer haben das Stork entdeckt und kommen, um Fish and Chips zu essen – es müssen ja nicht immer Austern sein. Im Sommer ist es auf der Terrasse mit der wahnsinnigen Aussicht voll, und wenn es kühler ist, kann man durch die verglaste Rückwand des Stork die Kähne vorbeigleiten sehen.

Gedempt Hamerkanaal 96 | Bus: Johan van Hasseltweg, Fähre ab Centraal Station: Richtung Ijplein | Tel. 6 34 40 00 | www.restaurantstork.nl | tgl. 11–ca. 22 Uhr | €€

EINKAUFEN

MÄRKTE

14 Ijhallen nördl. E 1

Ein Flohmarkt der Superlative: Der größte und geselligste Trödel Europas auf dem am dichtesten besiedelten Stück des Kontinents, sagen die Macher der Ijhallen. Nun, übertreiben gehört zum Flohmarkt-Geschäft. Jedenfalls ist er riesig. Das Wühlen, Feilschen und Schlendern in den alten Industriehallen am Ij ist ganz sicher einen Besuch wert. Einmal im Monat gibt es hier Ramsch, Plunder, Trödel, und wer weiß: doch noch den unentdeckten Rembrandt? Apropos Superlative: Wo in Europa kann man schon mit dem Boot kostenlos zu einem Flohmarkt fahren?

T.T. Neveritaweg 15 | Bus: Ataturk, Klaprozenweg, Fähre ab Centraal Station: Richtung NDSM | www.ijhallen.nl

Landmarkt   nördl. F 1

Auf dem Landmarkt trifft man die Fans von allem, was lecker ist. In den überdeckten Hallen bieten Bauern und andere Produzenten aus der Umgebung ihre Produkte an. Der Fisch fast direkt aus dem Meer, der Käse selbst gemacht, das Brot frisch gebacken. Sehr schade, wenn man als Tourist dann keine Küche hat, um selbst zu kochen. Doch da gibt es ja noch die Köche vom Landmarkt. Im Restaurant servieren sie köstliche Gerichte nach dem Prinzip simpel und frisch. Zum Beispiel marinierte Gambas aus dem Wok, hausgemachte Pommes oder geschmortes Rindfleisch.

Schellingwouderdijk 339 | Bus: Liergouw (West) | www.landmarkt.nl

WOHNEN

⑮ Neef Louis   nördl. G 1

Stühle, Tische, Sofas, Lampen, Schränke und noch viel mehr findet man in der riesigen Fabrikhalle. Neef Louis, das heißt Cousin Louis, verkauft Vintage-Möbel und Industrie-Design. Alte Stahlkisten, Sofas aus den schrillen 70ern oder auch ein Hirschgeweih. Liebhaber kommen hier voll auf ihre Kosten.

Papaverweg 46 | Bus: Slijperweg | www.neeflouis.nl

Als hätten Außerirdische ihr Restaurant-UFO in Amsterdam geparkt: Das REM Eiland (▶ S. 76) steht auf einer Plattform an exponierter Stelle im Holzhafen.

OOST

*Stadtteil der Kontraste. Gediegene Eleganz der Gründerzeit,
Multikultimärkte, hippe Kneipen im alten Industrie-Ambiente.
Stars sind die Inseln mit der atemberaubenden Architektur von heute.
Amsterdams Osten fasziniert.*

Amsterdam Oost ist der bunteste Teil der Stadt, geprägt von einem Völkergemisch vor allem aus Türken, Surinamern, Marokkanern und natürlich Niederländern. Zugleich ist es auch der Stadtteil mit den größten sozialen Kontrasten. Und das war eigentlich schon immer so, seitdem die Stadt sich Anfang des 20. Jh. nach Osten ausgedehnt hatte.
Hinter dem klassizistischen Muiderpoort, dem einzigen noch erhaltenen Stadttor aus dem 18. Jh., entstand um 1900 ein neues Viertel, im Westen begrenzt von der Amstel und im Süden vom Ringvaart-Kanal. Um das ehrwürdige Tropenmuseum und den Oosterpark herum wurden stattliche Wohnhäuser im Stil der Gründerzeit errichtet. Doch entlang der Hafengebiete und der Werften baute man sehr einfache Arbeiterhäuser. Dann wieder findet man den Ortsteil Watergraafsmeer, der bis heute mit seinen kleinen Villen aus charakteristischem rotem Backstein im Stil der

◀ Die rote Fußgängerbrücke verbindet die Inseln Borneo und Sporenburg (▶ S. 123).

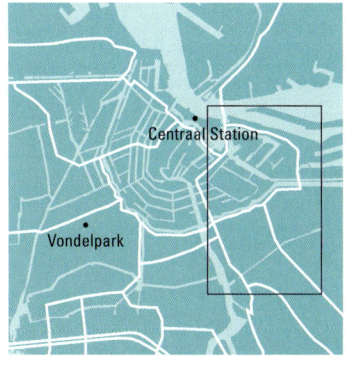

Amsterdamse School und mit den hübschen Kanälen ein Dorf geblieben ist.

KÜNSTLICHE INSELN

Nationale Berühmtheit erlangte aber ein ganz anderes Projekt: Betondorp. Und zwar nicht, weil dort erstmals mit dem neuesten Baustoff der 20er-Jahre experimentiert wurde: Beton. Nein, der unbestritten berühmteste Amsterdamer wurde 1947 in Betondorp geboren: Die Fußballlegende Johan Cruyff. Einer der begnadetsten Spielmacher der Geschichte stammt aus einfachen Verhältnissen. Seine Mutter arbeitete in der Kantine von Ajax Amsterdam – dem Verein, für den Cruff als 18-Jähriger in der ersten Liga debütierte.

Amsterdam Oost hat bis heute immer wieder sein Gesicht verändert. Die östlichen Hafengebiete beispielsweise sind seit 20 Jahren wegen ihrer atemberaubenden neuen Architektur der Star. Das neueste Viertel aber ist Ijburg. Auf mehreren künstlichen Inseln leben rund 18 000 Menschen, vor allem Familien, in für Amsterdamer Verhältnisse großzügigen Villen mitten im Wasser.

STADTTEIL DER KONTRASTE

Während um das Tropenmuseum und im östlichen Hafengebiet vorwiegend Amsterdamer mit einem hohen Einkommen und Bildungsstand wohnen, liegen dazwischen ganze Gebiete, in denen vergleichsweise viele Familien am Existenzminimum leben.

Zuwanderer machen aus den Arbeitervierteln wie die Indische Buurt und dem fröhlich-bunten Dappermarkt fast schon exotische Orte. Allerdings auch mit großen sozialen Problemen. Dank eines ehrgeizigen Sanierungsprogramms setzte aber auch hier in jüngster Zeit eine verblüffende Wandlung ein. Viele junge Amsterdamer mit guten Einkommen, Kreative und junge Unternehmer sind in die alten Häuser gezogen. So schießen nun neben den kleinen türkischen Gemüsehändlern und surinamischen Kräuterläden die hippen Cafés, Boutiquen und Galerien wie Pilze aus dem Boden.

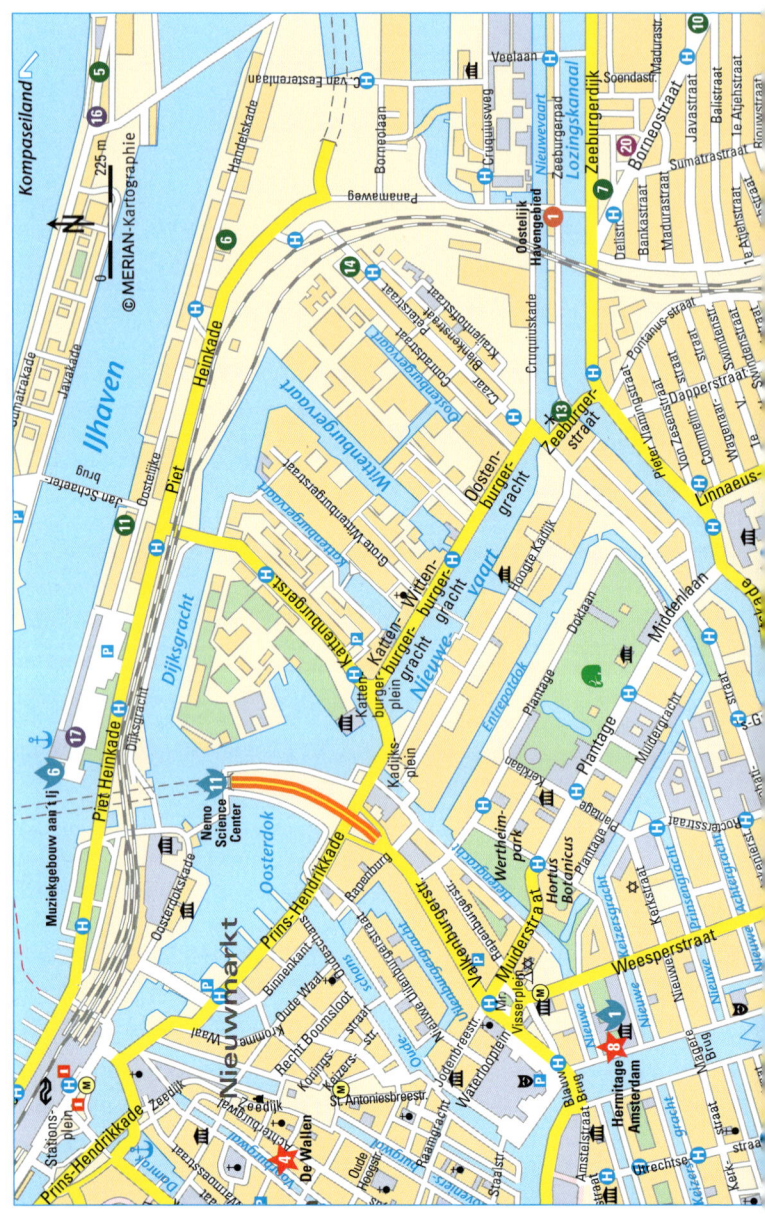

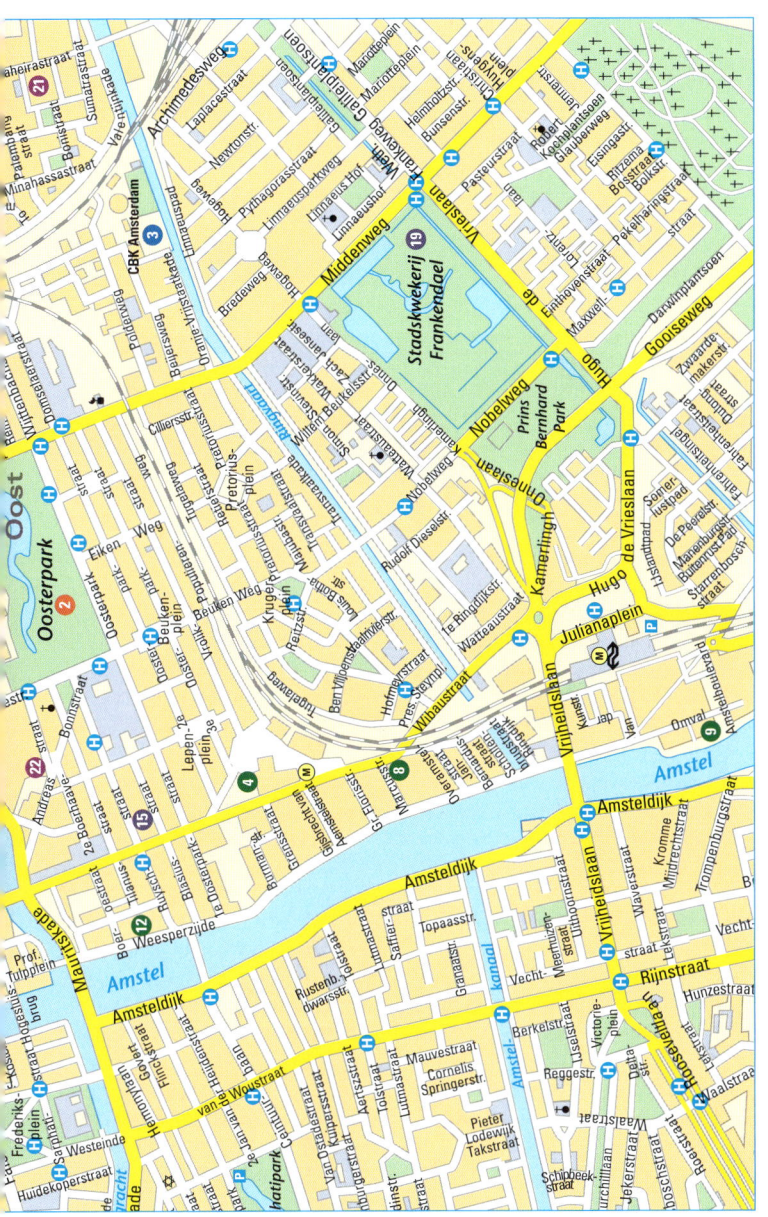

SEHENSWERTES

1 Oostelijk Havengebied G/H 2

An den alten Hafenanlagen und Docks entstand in den 1990er-Jahren ein spektakuläres Wohngebiet. Internationale Star-Architekten entwarfen atemberaubende Gebäude auf den Inseln Java, Borneo, Sporenburg und KNSM. Das gigantische kreisrunde Emerald Empire etwa auf der KNSM-Insel. Vom östlichen Hafengebiet aus hat man traumhafte Ausblicke aufs Wasser.

Tram: Rietlandpark, Zeeburgerdijk

2 Oosterpark  G/H 4

1891 legte die Stadt Amsterdam diesen zwölf Hektar großen Park im englischen Landschaftsstil an. Mit seinen großen Rasenflächen, den Wasserspielen und alten Bäumen ist er sehr beliebt. Aber der Oosterpark ist auch ein echter Kunstpark. Im Musikpavillon finden Konzerte statt und moderne Skulpturen bekannter Künstler erinnern an Ereignisse der niederländischen Geschichte. Die jüngste aus dem Jahre 2007 ist »Der Schrei«. Sie erinnert an den Mord an dem Filmregisseur Theo van Gogh im Jahr 2004.

Tram: Beukenweg, Eerste van Swindenstraat, Linnaeusstraat/Wijttenbachstraat

MUSEEN UND GALERIEN

3 CBK Amsterdam ▸ S. 117

ESSEN UND TRINKEN

RESTAURANTS

4 Baut G 5

Trendy und fein – Ein kulinarischer Clou im ehemaligen Zeitungsviertel. Amsterdamer reservieren lange im Voraus, nicht nur wegen des Industrie-Designs der 70er-Jahre. Ideal für ein Essen mit Freunden oder Geschäftspartnern. Für das erste Date mit einer neuen Liebe ist es vielleicht zu laut.

Wibautstraat 125 | Tram: Wibautstraat/ Ruyschstraat, Amsteldijk | Tel. 4 65 92 60 | http://bautamsterdam.nl | So– Do 11–1, Fr, Sa 11–3 Uhr | €€

5 De Kompaszaal H 2

Fantastische Aussicht – Bis in die 50er-Jahre kamen hier Kähne aus Übersee an. Jetzt wird unter hohen Decken und zwischen grünen Mosaiksäulen im Design der 50er-Jahre gegessen, getrunken und gefeiert. Von der Terrasse aus hat man eine fantastische Aussicht aufs Ij.

KNSM-laan 311 | Tram: Azartplein | Tel. 4 19 95 96 | www.kompaszaal.nl | Mi 11.30–18, Do–So 11.30–1 Uhr | €€

6 Mercat H 2

Hipper Spanier – Eine Markthalle wie in Barcelona. Jung und trendy Amsterdam trifft sich zu Tapas und Pinchos. Die langen Tische sind ideal für ein gemütliches Paella-Essen mit Freunden.

Oostelijke Handelskade 4 | Tram: Rietlandpark, Het Funen | Tel. 3 44 64 24 | www.mercat.nl | So–Do 11–1, Fr 11–2, Sa 11–2 Uhr | €

7 Pompstation H 4

Industriell funky – Ein Hauch von New York: Steak oder Austern in einer alten Kläranlage in toller Industrie-Atmosphäre. Große Lampen und gemütliche Holztische. An Wochenenden treten Jazz- und Funkbands auf. Und wer an der Bar an seinem Drink nippt, kann die Vibes der Vergangenheit fühlen. Die drei Wasserpumpen funktionieren nämlich noch.

Zeeburgerdijk 52 | Tram: Zeeburger-
dijk | Tel. 6 92 28 88 | www.pompstati
on.nl | Di–Do 17–1, Fr, Sa 17–2 Uhr | €

8 Rijsel ⚓ G 5

Witziges Ambiente – Rijsel ist einfach
»leuk«, wie die Amsterdamer sagen –
einfach nett. Gute französische Land-
küche mit flämischem Touch, ehrliche
Preise und ein raues Ambiente in einer
alten Schule. Der Mix aus Stahl, weiß
gedeckten Tischen und 60er-Jahre Design kommt an.

Marcusstraat 52 | Tram: Amsteldijk, Vic-
torieplein | Tel. 4 63 21 42 | www.rijsel.
com | Di–Sa 18–ca. 22 Uhr | €€

9 Riva 🚩 ⚓ G 6

Unaufdringlich elegant – (Jung-)Ma-
nager vom nahe gelegenen Geschäftsviertel entdeckten es als Erste: Der moderne Glaspavillon an der Amstel ist
ideal für einen Business-Lunch oder
den Drink nach der Arbeit. Hier hat
man beim Essen von der roten Lederbank aus freien Blick auf den Fluss.

Amstelboulevard 1 | Tram: Amstel-
dijk | Tel. 7 60 20 30 | www.caferestau
rantriva.nl | Mo–Fr 11–, Sa, So 12–
1 Uhr | €€

10 Wilde Zwijnen ⚓ östl. H 4

Rustikal – Nackte Glühbirnen hängen
von der Decke, Abfallholz ist an den
Wänden befestigt. Alles wirkt rau, ro-
bust und leicht schlampig. Ist es aber
nicht. Die »wilden Schweine« – drei
urige Freunde – kochen holländisch,
aber modern und biologisch. Wilde
Zwijnen ist ein Liebling in Oost. Wegen
der ungezwungenen Atmosphäre und
der Speisekarte mit Roter Bete oder
Makrelen.

Javaplein 23 | Tram: Flevopark |
Tel. 4 63 30 43 | http://wildezwijnen.nl |
Fr–So 12–16, tgl. 18–22.15 Uhr | €€

CAFÉS

11 Eten bij de Baas ⚓ G 2

Die Küche der früheren Kolonie Surinam gehört zur holländischen Speisekarte. In dem relaxten Café serviert der
Boss moderne Speisen wie etwa südamerikanische Erdnusssuppe oder ein
Brötchen Pom – eine Spezialität. Allerdings muss man manchmal auch etwas
südamerikanische Gelassenheit für
den Service mitbringen.

Jollemanhof 154 | Tram: Kattenburger-
straat | www.etenbijdebaas.nl | Di–Fr
12–21, Sa–Mo 15–21 Uhr

Wollen Sie's wagen?

*Die Grachten sind von oben betrach-
tet ja sehr idyllisch. Aber wie ist es,
wenn man auf ihnen paddelt, und
dann noch im Stehen auf einem Surf-
brett? SUPpen auf den Grachten:
Erfahrene SUP-Trainer zeigen, wie es
geht. Wagen Sie es? Ein Super-Work-
out und ganz sicher ein witziges
Abenteuer.*
Zeilschool Nautiek | Veemkade 267 |
www.mm-sup.com | ca. 20 €

---

12 De Ysbreeker ⚓ F 5

In der alten Herberge am Ufer der
Amstel wird noch immer bis abends
spät gelacht und bei Weißwein und
Bier heiß diskutiert. Im toll umgebau-
ten Grand Café tippen Journalisten auf
ihren Laptops und schreiben Schriftsteller Romane.

In der Brouwerij aan het Ij (▶ S. 84) werden immer wieder neue Biersorten gebraut – und das auf ökologische Art und Weise. Bei einer Führung kann man sich davon überzeugen.

Weesperzijde 23 | Tram: Amstel Hotel | www.deysbreeker.nl | So–Do 8–1, Fr, Sa 8–2 Uhr

BARS

⑬ Brouwerij aan het Ij ⚑ H3

Seit 1985 wird in der historischen Mühle gebraut und gezapft. Liebhaber können die besonderen Biere – je nach Jahreszeit gibt es neue Sorten – im Biergarten direkt am Wasser trinken.
Funenkade 7 | Tram: Hogte Kadijk, Pontanusstraat | www.brouwerijhetij.nl | tgl. 14–20 Uhr

⑭ Roest ⚑ H3

In der alten Gasfabrik ist ein Stückchen typisches Amsterdam entstanden: ein verrückter Mix aus Kultur und Kneipe. Alternative und Studenten hängen am Strand, am Kanal oder an der Bar rum. Aber in den Hallen gibt es zwischen rostigem Eisen (»Roest« heißt Rost) auch Theaterstücke und Filme zu sehen.
Czaar Peterstraat 213 | Tram: Eerste Leeghwaterstraat | www.amsterdam roest.nl | Mo–Do 16–1, Fr 16–3, Sa 11–3, So 11–1 Uhr

EINKAUFEN
DELIKATESSEN
⑮ Hartog ⚑ G5

Die Warteschlangen im Hartog reichen oft bis weit vor die Tür. Zu Recht. Hier werden Vollkornbrot, Kekse und Kuchen ausschließlich mit dem eigenen selbst gemahlenen Mehl gebacken. Und nebenan gibt es belegte Brötchen.
Ruyschstraat 56 | Tram: Ceintuurbaan/ Van Woustraat, Wibautstraat/Ruyschstraat | www.volkorenbrood.nl

GESCHENKE

16 Pols Potten  H 2

Pols Potten verkauft vor allem Produkte von niederländischen Designern und Künstlern. Klassiker wie Gispen aber auch Bettwäsche mit dem Namen Schnarch. Hip, witzig, schön. Von groß bis klein, für fast jeden Geldbeutel.

KSNM-laan 39 | Tram: Azartplein | www.polspotten.nl

17 Thinking of Holland G 2

Witzige und spannende Souvenirs aus Holland. Der Laden im hypermodernen Passenger Terminal ist sicher nicht nur etwas für Kreuzfahrt-Passagiere. Auch Amsterdamer suchen hier besondere Geschenke, Accessoires oder T-Shirts.

Piet Heinkade 23 | Tram: Muziekgebouw/Bimhuis | www.thinkingofholland.nl

MÄRKTE

18 Dappermarkt H 4

Der Dappermarkt ist ein typisch lokaler Amsterdamer Markt und doch ein Weltmarkt. Und von heimisch bis exotisch reichen auch die Waren. Kleidung, Gemüse, Kräuter, Fisch und Fleisch. Der Dappermarkt und seine gemütliche, fast dörfliche Atmosphäre wurde und wird bis heute besungen. Daher gehört eine Runde Dappermarkt vor allem am Samstag zu einer Stadtvisite dazu.

Dapperstraat | Tram: Dapperstraat, Eerste van Swindenstraat | www.dappermarkt.nl | Mo–Sa 10–16.30 Uhr

19 Pure Markt H 5

Auf dem ehrwürdigen Landgut Frankendael verkaufen Produzenten immer am letzten Sonntag des Monats ihre Produkte. Bewohner des schicken Viertels kommen oft mit ihrer ganzen Familie zum fröhlichen Einkaufen.

Middenweg 72 | Tram: Hugo de Vrieslaan | www.puremarkt.nl | letzter So im Monat 11–18 Uhr

KULTUR UND UNTERHALTUNG

KINO

20 Studio K H 4

Das schöne Programmkino entpuppt sich mit seinem netten Café immer mehr zum Ausgehzentrum. Abends kommen ins Studio K vor allem Jüngere zum Tanzen oder um Konzerte zu besuchen.

Timorplein 62 | Tel. 6 92 04 22 | Tram: Dapperstraat | www.studio-k.nu

KONZERTE

21 Nedpho östl. H 4

In einer ehemaligen Kirche aus den 1920er-Jahren übt das Niederländische Philharmonische Orchester. Die Proben sind öffentlich und gratis. Konzerte sind auch durch die fantastische Akustik und die wundervoll restaurierte Kirche ein Erlebnis.

Batjanstraat 3 | Tram: Muiderpoortstation | Tel. 5 21 75 00 | www.orkest.nl | Karten ab 18 €

THEATER

22 Badhuistheater G 4

Das gemütliche und hübsche Theater zeigt sehr viele Vorstellungen in englischer Sprache. Es ist ein Podium für junge Talente aus Literatur, Tanz und Kleinkunst.

Boerhaaveplein 28 | Metro: Weesperplein, Tram: Camperstraat | Tel. 6 68 51 02 | www.badhuistheater.nl

ZUID

*Alte Villen, breite Alleen, grüne Oase Vondelpark, elegante
Geschäfte und Kunstschätze. Amsterdams Süden atmet Wohlstand.
Mittendrin das einstige Arbeiterviertel De Pijp –
das Quartier Latin der Stadt.*

»Das Reichsmuseum ist beinahe wörtlich ein Tor zu einer anderen Welt«,
schrieb der Amsterdamer Historiker Geert Mark. Diese Welt heißt Amsterdam Zuid. In dem Stadtteil von der Amstel bis zum Olympiastadion
wird die Stadt chic, die Straßen werden zu breiten Alleen und die Geschäfte edel. Die Adresse allein schon gilt als Beweis dafür, dass man zu
den Besserverdienenden gehört.

Der Süden ist vergleichsweise jung: Mitte des 19. Jh. war die Stadt mit
rund 265 000 Einwohnern so groß wie nie zuvor. Der Grachtengürtel, das
heutige Zentrum, platzte aus allen Fugen. Hinter dem damals letzten
Stadtwall wurde in Windeseile eine Arbeitersiedlung aus dem Boden ge-
stampft: De Pijp. Vorwiegend Arbeiter aus den großen Diamantschleife-
reien zogen in die schmalen Häuser ein, aber auch kleine Handwerksbe-
triebe. Und ein junger Mann mit dem Namen Gerard Adriaan Heineken

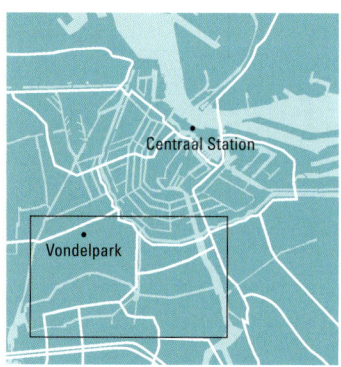

◀ 10 Mio. Besucher im Jahr: der beliebte Vondelpark (▶ MERIAN TopTen, S. 88).

eröffnete in De Pijp eine Brauerei. Der Rest ist Geschichte.

De Pijp ist noch immer ein sehr geschäftiges und quirliges Viertel, auch wenn hier schon längst keine Diamanten mehr geschliffen werden. Und Bier wird auch nicht mehr gebraut. Aber die vielen Studenten, Künstler und kreativen Unternehmer machten das Viertel zum Quartier Latin der Stadt.

VILLEN UND LUXUSMEILE

Es entstand aber noch ein ganz anderes Viertel. Rund um das 1888 erbaute Concertgebouw und den Vondelpark errichteten wohlhabende Kaufleute vornehme Villen an schattigen Alleen. Heute ist diese Ecke noch immer ein mondänes Viertel, das an den Museumsplatz mit den Luxus-Einkaufsmeilen P.C. Hooftstraat und Willemsparkweg grenzt.

Das große Gebiet hinter De Pijp und den Villen aber wurde nach den Idealen des damaligen Städtebaus in Europa geplant. Der »Plan Zuid« des Visionärs Hendrikus Petrus Berlage aus dem Jahre 1915 gilt bis heute als architektonisches Meisterwerk. Berlage legte symmetrische breite Alleen an, die flankiert werden von großzügigen hellen Wohnblocks im modernen Stil der 20er- und 30er-Jahre der Amsterdamse School. Berlage wollte Licht, Raum und Klarheit. Zum großen Teil leben immer noch wohlsituierte Bürgerfamilien in den für Amsterdamer Verhältnisse sehr großzügigen Wohnungen. Und zunehmend auch junge Manager aus aller Welt, die im neuen internationalen Finanzzentrum arbeiten, dessen Bürotürme an der Autobahn weit über die Stadt ragen.

SEHENSWERTES

1 Olympisch Stadion  B 6

Johnny »Tarzan« Weissmüller und der finnische Läufer Paavo Nurmi feierten 1928 ihre großen Erfolge. Strahlender Mittelpunkt der Olympischen Spiele in Amsterdam war das Olympiastadion. Hier wurde erstmals das olympische Feuer entfacht. Das 2000 renovierte Stadion ist noch immer Sportarena, aber vor allem ein kleines Juwel der Architektur der 20er-Jahre.

Olympisch Stadion | Tram: Stadion-
plein | www.olympischstadion.nl | Di–
So 11–17 Uhr | Eintritt 6 €

⭐ Vondelpark ⬇ B–D 4/5

In Amsterdams größtem und sehr be-
liebtem Park kann und darf man fast
alles. Über zehn Millionen Menschen
kommen jährlich hierher, um auf den

47 Hektar zu joggen, zu picknicken
oder in der Sonne zu liegen. In den Cafés trifft man sich, auf der Freiluftbüh-
ne wird Theater gespielt, und im Sommer geben Bands und Orchester
Konzerte unter alten Bäumen. Der fast
150 Jahre alte Park hat viel von dem ur-
sprünglichen englischen Landschaftsstil bewahrt: Große Weiden, Wald, Tei-

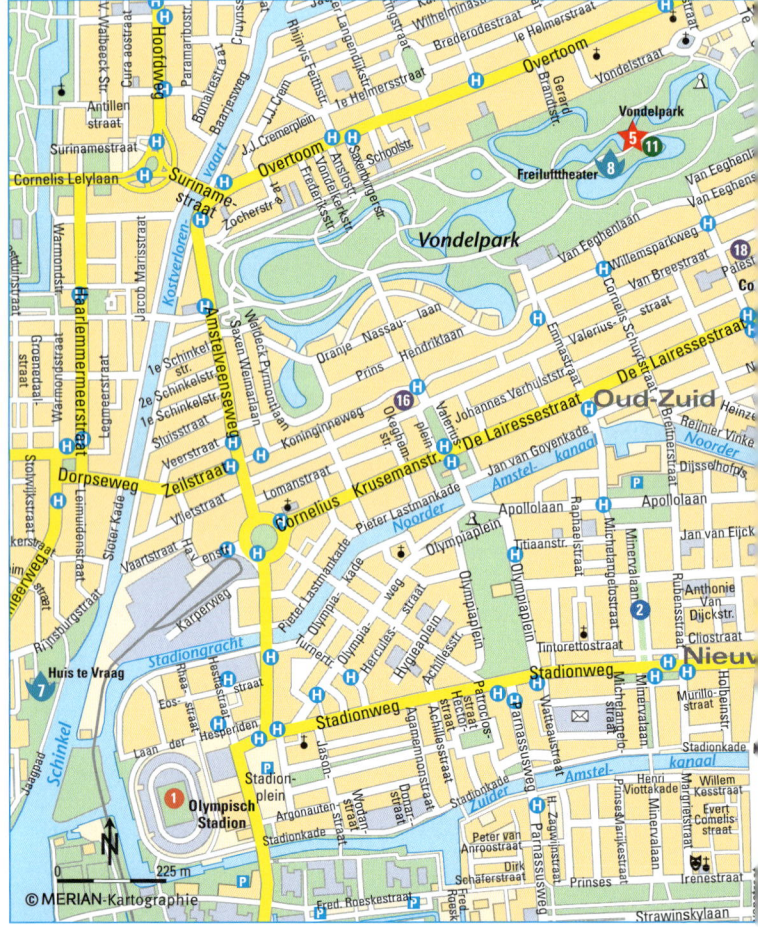

© MERIAN-Kartographie

che, romantische Plätzchen wie etwa das Rosarium. Am Eingang grüßt das Standbild des Dichters Vondel.

Bus, Tram: Leidseplein | www.hetvondel park.net

MUSEEN UND GALERIEN

2 ArtZuid ▸ S. 116

9 Rijksmuseum ▸ S. 120

3 Stedelijk Museum ▸ S. 120

10 Van Gogh Museum ▸ S. 121

ESSEN UND TRINKEN

RESTAURANTS

4 Bazar ▸ E 5

Orientalisches Ambiente – Ein buntes Publikum isst hier Couscous, gegrilltes Lamm oder Bizar-Bazar mit frischem

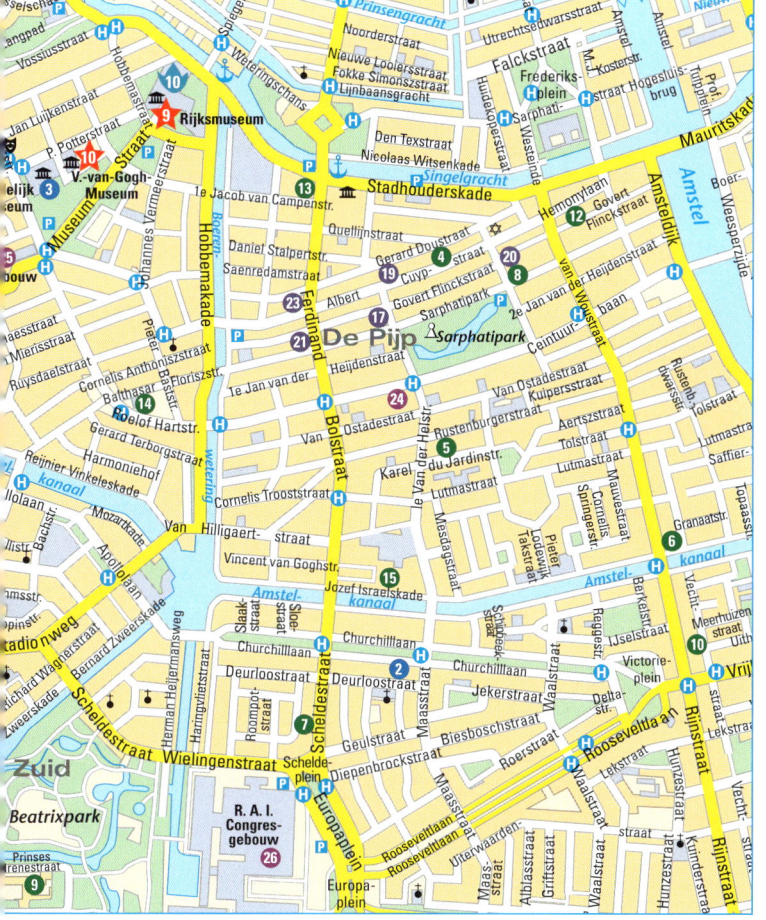

Thunfisch und Krabben. Mitten in dem orientalisch gestylten Bazar steht die große Bar.

Albert Cuypstraat 182 | Tram: Albert Cuyp Straat | Tel. 6 75 05 44 | www.bazaramsterdam.nl | Mo–Do, So 11–24, Fr, Sa 11–1 Uhr | €€

5 District V E 5

Idyllischer Platz – Ein Stück Italien mitten im Studenten- und Künstlerviertel De Pijp. Pappardelle »Trevigiane con radicchio e gorgonzola« unter alten Linden und beim Schein von Straßenlaternen? Das ist Dolce Vita.

Van der Helstplein 17 | Tram: Tweede van der Helststraat | Tel. 7 70 08 84 | www.district5.nl | tgl. 17.30–22.30 Uhr | €€

6 Krua Buppha F 6

Authentischer Thai – Für das Ambiente kommt keiner. Das kleine Restaurant wirkt etwas verstaubt, man kann leicht daran vorbeilaufen. Doch die Currys und die Fishcakes (!) sind so wunderbar, dass sich das in der ganzen Stadt herumgesprochen hat. Das Personal gerät nie in Stress, selbst wenn es wieder einmal übervoll ist.

Van Woustraat 241 | Tram: Amstelkade | Tel. 6 70 21 03 | tgl. 16–22 Uhr | €€

7 Pakistan Restaurant E 6

Bestes Curry – Die Familie Khawaja kocht und serviert in diesem einzigen pakistanischen Restaurant der Stadt authentische Spezialitäten in einer gediegenen Atmosphäre. Aber so unglaublich fein. Mildes Huhn in goldgelber Curry-Kokossoße, sehr scharfes Lamm oder würzige Samosas. Der Duft von Koriander, Curry und Karda-

mom führt einen weit weg in den Fernen Osten. Bewohner des Viertels sind Stammgäste.

Scheldestraat 100 | Metro, Tram: RAI | Tel. 6 75 39 76 | http://pakistan-restaurant.com | tgl. 17–23 Uhr | €€

8 Le Restaurant F 5

Wohnzimmer mit Stern – Es hat seinen Preis, und den ist es auch wert. In dem kleinen (unbedingt reservieren!) Wohnzimmerrestaurant wird ein festes Menü serviert, aber was für eins. Feine Leckereien wie aus einem französischen Bistro.

Tweede Jan Steen Straat 3 | Tram: Ceintuurbaan/Van Woustraat | Tel. 3 79 22 07 | www.lerestaurant.nl | Di–Sa 19–22 Uhr | €€€€

9 Restaurant As südl. D 6

Unter Bäumen – Die alte runde Kapelle mitten im Beatrixpark ist ein wunderbarer Ort, um abzuschalten. Eine grüne Insel im Großstadttrubel. Nachbarn und Manager des nahe gelegenen Finanzviertels sitzen relaxed an langen Holztischen und im Sommer auf der großen Terrasse unter Bäumen. Grün ist auch das Essen. As kocht, so weit es geht, biologisch, modern holländisch mit italienischem Touch.

Prinses Irenestraat 19 | Tram: Prinses Irenestraat | Tel. 6 44 01 00 | www.restaurantas.nl | Di–So 12–14.30, tgl. 18.30–23 Uhr | €€€

10 Taste of Life ▸ S. 29

CAFÉS

11 Het blauwe Theehuis C 4

Seit über 70 Jahren ist das blaue Teehaus mitten im Vondelpark beliebter

Treffpunkt der Amsterdamer. Und es gibt nicht nur Tee in dem runden Pavillon aus Stahl, Glas und Beton. Von der Terrasse im Obergeschoss hat man eine fabelhafte Aussicht über den Park.

Vondelpark 5 | Tram: Jacob Obrechtstraat/Willemsparkweg | www.blauwetheehuis.nl | Mo–Fr 9–18, Fr–So 9–20 Uhr

12 Hutspot 🚩 ⚓F5

Laden, Café, Ad-hoc-Büro für Freelancer, Barbier: Hutspot ist alles in einem. Direkt an der Van Woustraat bietet dieser Laden Platz für Designer, Künstler und Leute mit guten Ideen. Das Angebot wechselt ständig. Amsterdamer lieben es.

Van Woustraat 4 | Tram: Ceintuurbaan/Van Woustraat, Ferdinand Bolstraat | www.hutspotamsterdam.nl | Mo–Sa 10–19, So 12–18 Uhr

13 Taart van m'n Tante ⚓E5

Das Café in De Pijp könnte den Kitsch erfunden haben. Hier ist alles süß, schrill und bunt – zum Vernaschen eben. Auch die Torten. Probieren Sie Monkey Business, einen Bananenkuchen mit Mascarpone, falls Sie vor lauter Staunen überhaupt zum Essen kommen. Flohmarktsessel, psychedelische Tapete aus den schrillen 80ern und Nippes, wohin das Auge reicht.

Ferdinand Bolstraat 10 | Tram: Heinekenplein | www.detaart.com | tgl. 10–18 Uhr

BARS

14 The College Hotel ⚓D5

Mitten im Museumsviertel liegt das Hotel mit der In-Bar. Auf der Terrasse nippt die Fashionszene ihre Cocktails oder relaxt unter Olivenbäumen.

Die Welt ist eine Torte, und Kitsch ist Programm im Taart van m'n Tante (▶ S. 91), was schon ein Blick auf die Homepage verrät. Ein Paradies für Liebhaber von Schrillem und Süßem.

Roelof Hartstraat 1 | Tram: Roelof Hart-
plein | www.thecollegehotel.com |
Mo–Do bis 24, Fr, Sa bis 1 Uhr

Romantischer Friedhof 7

Der verwunschene alte Friedhof
Huis Te Vraag am Fluss Schinkel ist
heute ein Kulturdenkmal. Hinter
dem schmiedeeisernen Tor beginnt
eine verwunschene Idylle (▶ S. 14).

15 Twenty Third Bar   ⚑ E 6

In der edlen Bar des japanischen Lu-
xushotels können Sie ganz entspannt
Ihren Cocktail nehmen oder beim
Champagner die Aussicht genießen.
Der Blick ist atemberaubend. Wer die
ganz feine japanische Küche liebt, kann
sich im Restaurant Ciel Bleu auf Ster-
ne-Niveau verwöhnen lassen. Reser-
vierung empfohlen!
Hotel Okura | Ferdinand Bolstraat 333 |
Tram: Churchilllaan | www.okura.nl |
So–Do 18–1, Fr, Sa 18–2 Uhr

EINKAUFEN

GESCHENKE

16 Arti Choc   ⚑ C 5

Spargel oder echt holländische Holz-
schuhe – aber dann aus Schokolade.
Der Name ist Programm. Kunst, leicht
schockierend. Wunderbare Pralinen
gibt es übrigens auch in klassischer
Form und biologisch.
Koninginneweg 141 | Tram: Valerius-
plein | www.artichoc.nl

17 Cottoncake   ⚑ E 5

Kunst, Kaffee, Kleider: Tessa und Jorinde verkaufen in ihrem kleinen Laden im Viertel De Pijp alles, was sie

schön finden – und was sie auf ihren
vielen Reisen rund um die Welt entdecken. Balinesische Baumwollplaids
oder schwedische minimalistische
Kleider. Aber man kann sich im Cot-
toncake auch zu einem faulen Sonn-
tagsbrunch mit selbst gemachtem Kuchen verabreden.
Eerste van der Helststraat 76-hs | Tram:
Ceintuurbaan/Ferdinand Bolstraat, Albert
Cuypstraat, Tweede van der Helststraat |
http://cottoncake.nl | Mo–Fr 10–18.30,
Sa 10–17.30, So 11.30–17.30 Uhr

18 Klevering   ⚑ D 5

Das ganz besondere Mitbringsel oder
Andenken finden Sie hier. Von der modernen Vase im klassischen Blau der
Porzellanmanufaktur Delft bis zur coo-
len Abwaschbürste. Von klassisch bis
hip.
Jacob Obrechtstraat 19a | Tram: Jacob
Obrechtstraat | www.klevering.nl |
www.klevering.nl

MÄRKTE

19 Albert Cuypmarkt   ⚑ E 5

Das Herz von De Pijp – und das seit
über 100 Jahren. Für viele Niederländer
ist dieser Markt auch das Synonym für
die Grachtenstadt. Frech, bunt und gemütlich. Schnäppchenjäger finden auf
dem Albert Cuypmarkt immer ein
schrilles T-Shirt oder die coole Leder-
jacke.
Albert Cuypstraat | Tram: Albert Cuyp-
straat | www.albertcuypmarkt.nl | Mo–
Sa 9–17 Uhr

20 Emaillekeizer   ⚑ F 5

Von der Hausnummer bis zum Teekes-
sel – der Kaiser hat einfach alles, wenn
es aus Emaille ist. Bis unter die Decke

sind fröhliche Teller, Spiele, afrikanische Kunst und Schmuck gestapelt.

Eerste Sweelinckstraat 15 | Tram: Ceintuurbaan/Van Woustraat | www.emaille keizer.nl

MODE

 21 Haastje Repje E 5

Ein Klassiker im Viertel De Pijp. Und immer up to date. Seit über 30 Jahren findet die eigensinnige Amsterdamerin hier das ganz besondere Kleid oder das Paar Stiefel von bekannten Modelabels oder jungen Designern aus Skandinavien und England. Die Kollektion wechselt schnell, daher der Name: Beeil dich.

Ferdinand Bolstraat 96 | Tram: Albert Cuypstraat | www.haastjerepje.nl

22 Salon Heleen Hülsmann D 5

Designermode, doch dann zu Schnäppchenpreisen. Reiche Damen und Luxusboutiquen bringen ihre kaum getragenen Stücke oder die funkelnagelneue Ware der letzten Saison zu Heleen. In den eleganten Räumen wird dann ein Fashionfest gefeiert. Heleen sucht für jeden Prada-Rock, die Marni-Kleidchen oder die Miu-Miu-Tasche neue liebevolle Eigentümerinnen.

De Lairessestraat 13 b | Tram: Jacob Obrechtstraat | www.salonheleenhuls mann.nl

WOHNEN

 **23 Duikelman** E 5

Ein Paradies für jeden, der gern kocht und isst. In den total vollgestopften Regalen in dem verwinkelten Laden gibt es alles, was der (Hobby-) Koch braucht und will. Es soll Kunden geben, die hier erst entdecken, dass sie ohne diese eine Backform oder den besonderen Topf einfach nicht leben können. Gegenüber auf der anderen Straßenseite werden feine Tischdecken und Handtücher verkauft.

Ferdinand Bolstraat 68A | Tram: Albert Cuypstraat, Ceintuurbaan/Ferdinand Bolstraat | www.duikelman.nl

KULTUR UND UNTERHALTUNG

KINO

 24 Rialto E 5

In dem Art-déco-Kino aus den 20er-Jahren laufen in drei Sälen besondere Filme aus aller Welt. Besucher können aus dem gemütlichen Café ihr Bier oder den Kaffee mit in die Vorstellung nehmen. Und nach dem Film sitzt man noch lange in der kleinen Bar oder draußen auf der Terrasse.

Ceintuurbaan 338 | Tram: 3, 12, 25 Ceintuurbaan | www.rialtofilm.nl

KONZERTE

25 Concertgebouw ▶ S. 45

MUSICALS

 26 Rai E 6

Im Theater des Messezentrums werden regelmäßig nationale und internationale Musicals und Shows gezeigt.

Europaplein | Tram: Europaplein | www.rai.nl

Freilufttheater im Vondelpark 8

Hier erlebt man das bunte Amsterdam und im Sommer können Sie gratis Musik, Theater oder Tanz genießen (▶ S. 14).

Im Fokus
Daheim in Mokum –
Amsterdam und seine Juden

Amsterdamer sprechen liebevoll von Mokum – das jüdische Wort
für Stadt. Jahrhundertelang war Amsterdam eng mit den jüdischen
Bürgern verbunden. Sie prägten die Stadt, Musik, Handel und Witz.
Bis zum Mai 1940.

Am frühen Morgen des 10. Mai 1940 schreckten die Bürger von Amsterdam auf. Ganz in der Nähe hörten sie die Einschläge von Bomben. Nazi-
Deutschland hatte in der Nacht die neutralen Niederlande überfallen.
Das traf die Stadt aus heiterem Himmel und fügte ihr eine ungeheure
Wunde zu. 1940 litt Amsterdam zwar noch unter den Folgen der Welt-
wirtschaftskrise, doch es war auch eine fröhliche Stadt. Sie strahlte die bis
heute spürbare liebenswerte Mischung aus Idealismus und Pragmatismus
aus. »Morgen wird es besser«, hieß 1939 ein populärer Schlager. »Wir singen, wir lachen und wir spielen den Schrecken und die Angst weg.« Das
war das Lebensgefühl im Mai 1940.

ZUFLUCHTSORT FÜR VIELE JUDEN
Die Auswirkungen der Machtergreifung Hitlers und des Zweiten Weltkrieges waren in Amsterdam zu spüren und zu sehen. Flüchtlinge ström-

◄ Die Portugiesische Synagoge (▶ S. 64)
blieb während des Krieges unzerstört.

ten in die Stadt, angezogen von der jahrhundertealten Tradition von Freiheit und Toleranz. Schon seit dem 17. Jh. war Amsterdam Zufluchtsort für Flüchtlinge aus dem von Krieg und Verfolgung gequälten Europa: Hugenotten aus Frankreich, Protestanten aus Deutschland – und Juden vom ganzen Kontinent. Hier durften sie ihren Glauben frei leben und ihre Synagogen errichten.

Das galt knapp 300 Jahre später auch für Verfolgte aus Nazi-Deutschland. Deutsche Schriftsteller und Künstler wie etwa Oskar Maria Graf, Klaus Mann oder Max Beckmann saßen in den Kaffeehäusern an den Grachten. In Deutschland verbotene Bücher erschienen hier in den Exilverlagen Querido und Allard de Lange. Viele Juden suchten Zuflucht.

PANZER ROLLEN IN DIE STADT

Als die Deutschen die Niederlande überfielen, zählte Amsterdam rund 750 000 Einwohner, zehn Prozent davon waren Juden. »Mein Volk.«, sprach am Morgen des 10. Mai 1940 Königin Wilhelmina im Radio, »Heute Nacht hat die deutsche Wehrmacht unser Land angegriffen und auf schändliche Weise die strikte Neutralität verletzt.«

Nach nur fünf Tagen war der niederländische Widerstand gebrochen. Königin und Regierung flohen nach England. Deutsche Panzer rollten in die Innenstadt von Amsterdam. Der Österreicher Arthur Seyß-Inquart wurde der gehasste Reichskommissar der Niederlande. In Den Haag, dem Regierungssitz, erklärten sich alle Generalsekretäre der Ministerien zur Zusammenarbeit mit den Besatzern bereit.

Die Amsterdamer waren zunächst fassungslos. Mit Ausnahme der napoleonischen Zeit zu Beginn des 19. Jh. hatten sie noch nie einen fremden Herrscher dulden müssen. Selbst die niederländischen Oranje-Fürsten hatten über diese eigensinnigen Bürger nie das Sagen. Doch angesichts der deutschen Machtdemonstration beim Einmarsch gewann bald wieder der Pragmatismus die Oberhand. Man sah ein: Gegen einen solchen Feind haben wir keine Chance.

AMSTERDAM AMÜSIERT SICH WEITER

Das normale Leben ging schnell weiter. Kaufleute schlossen lukrative Verträge mit dem Deutschen Reich, die Arbeitslosigkeit sank. In Amsterdam ging man wieder ins Kino, amüsierte sich in Revuen und Varietés.

Zugleich führten Polizei und Verwaltung folgsam die Befehle der neuen deutschen Machthaber aus. Dazu gehörten auch die Nürnberger Rassengesetze. Der Terror nahm Besitz von Amsterdam. Doch die meisten Bürger schauten weg.

AUFSTAND UND ANSCHLÄGE

Es gab aber auch Widerstand, vor allem bei den Kommunisten und den Studenten. Die Untergrundzeitungen »Het Parool« und »Vrij Nederland« erschienen, sie gibt es bis heute. In den Kirchen wurden flammende Proteste verlesen. Doch, so analysiert die deutsche Historikerin Barbara Beuys: »Es waren kaum hörbare Töne in einem Meer des Schweigens.« Die deutschen Nazis setzten ihre Vernichtungspolitik fort, unter den Augen der Bürger: Pogrome, Razzien, Deportationen und Morde. Doch als das Gebiet rund um das heutige Rathaus zum jüdischen Viertel erklärt und abgesperrt wurde, kam es zu offenem Widerstand. Zum ersten Mal seit dem 14. Jh. gab es in Amsterdam ein Ghetto. Im Februar 1941 streikten die Hafenarbeiter gegen die deutschen Besatzer. Es wurde der größte Aufstand in einem von Deutschland besetzten Gebiet – nach nur zwei Tagen wurde er blutig niedergeschlagen. Der Widerstand in Amsterdam wurde nun heftiger. Der Untergrund verübte Anschläge auf das Einwohnermeldeamt, auf Telefonleitungen und Eisenbahnlinien sowie auf deutsche und niederländische Nazis. Die Reaktionen der Besatzer waren brutal: Durchsuchungen und Exekutionen, Widerstandskämpfer wurden in KZs deportiert und ermordet. Die Terrorspirale drehte sich immer schneller. Manche Amsterdamer versteckten Juden in ihren Wohnungen. Auf der anderen Seite machten auch Prämienjäger für ein paar Gulden Jagd auf Untergetauchte. Die Amsterdamer Juden wurden gezwungen, sich im Theater Hollandsche Schouwburg zu versammeln und in einem langen Zug zum nahe gelegenen Bahnhof am alten Stadttor Muiderpoort zu ziehen. Von dort aus wurden sie ins Deportationslager Westerbork transportiert und schließlich in die deutschen Vernichtungslager.

SCHÜSSE BEIM BEFREIUNGSFEST

Am 5. Mai 1945 wurden die Niederlande befreit. Doch für Amsterdam war die Gewaltherrschaft noch nicht vorbei. Bei einem Freudenfest am 7. Mai auf dem Dam eröffneten plötzlich deutsche Soldaten das Feuer und schossen in die Menge. 22 Menschen wurden getötet, Hunderte verletzt. Erst einen Tag später, am 8. Mai, war der Spuk endgültig vorbei. Kanadische Truppen zogen in die Hauptstadt ein und wurden überschwänglich begrüßt. Amsterdam war frei. Fünf Jahre deutsche Besatzung hatten tiefe Narben hinterlassen. Bei vielen Bürgern mischte sich in den Freudentaumel über die Befreiung auch die Fassungslosigkeit über die eigene Ohnmacht und das eigene Versagen gegenüber der beispiellosen Judenverfolgung: Von den 107 000 deportierten niederländischen Juden hatten nur 5000 den Terror überlebt. Amsterdam verlor 75 000 jüdische Einwohner, ein Zehntel der Bevölkerung.

Bis heute leben die Menschen in der Hauptstadt sehr intensiv mit dieser so zwiespältigen Geschichte. Über dem Viertel Plantage etwa, wo die Juden sich zur Deportation versammeln mussten, hängt eine stille Melancholie. Jedes Jahr gedenken Tausende dem Februarstreik der Hafenarbeiter, und am 4. Mai schweigt die gesamte Stadt in Erinnerung an die Opfer des Krieges. Das Leiden in der Besatzungszeit war ein Grund für die jahrzehntelange Aversion gegen Deutschland. Auch das wurde nach der Meinung von Historikern aus dem Unbehagen genährt, dass viele sich der deutschen Diktatur nicht stärker widersetzt, weggeschaut oder sogar aktiv kollaboriert hatten.

BITTERE HEIMKEHR

Für viele Juden, die die Konzentrationslager überlebt hatten, war die Heimkehr bitter. Mitgefühl bekamen sie nicht. Manche mussten sogar noch die Stromrechnungen bezahlen aus den Jahren, die sie in den Nazilagern verbracht hatten. Ihren Besitz, Geld, Möbel, Kleider erhielten sie nicht zurück. Jahrzehntelang hingen auch geraubte Kunstwerke in den großen Museen der Stadt. Die nun sehr kleine jüdische Gemeinschaft siedelte sich erneut vor allem im Süden der Stadt an. Und langsam begann mit ihren Geschäften, Schulen und Synagogen wieder das jüdische Leben. Heute zeigt Amsterdam auf vielfältige Weise tiefe Verbundenheit mit dem jüdischen Erbe – im Gedenken, in Musik, Sprache und selbst beim Fußball. Der niederländische Rekordmeister Ajax Amsterdam wird von seinen Anhängern als »Judenclub« verehrt, in Erinnerung an seine vielen jüdischen Mitglieder und Spieler. Ajax-Fans ziehen nicht nur mit Fahnen in den Clubfarben rot-weiß, sondern auch mit israelischen Flaggen ins Stadion. Allerdings – auch das ist bittere Realität – führt das wiederum zu antisemitischen Reaktionen bei den Anhängern der gegnerischen Teams. Der Stolz auf die jüdischen Wurzeln, aber auch die Erinnerung an die Schrecken der Vergangenheit schwingen jedes Mal mit, wenn Amsterdamer von »Mokum« sprechen. Der jiddische Kosename für ihre Stadt ist auch eine Liebeserklärung an seine jüdischen Bewohner.

WEST

*Lauschige Grachten, Cafés unter alten Bäumen und viel
bunter Trubel auf den Plätzen und Märkten.
Schöne Architektur für Arbeiter aus den 1920er-Jahren.
Und neuer kultureller Hotspot ist die alte Westergasfabrik.*

Mit seinen Grachten und den schönen Gründerzeithäusern gehört der alte Westen von Amsterdam zu den attraktivsten Vierteln der Stadt. Gleich hinter der Singelgracht nahe dem alten Zentrum und beim Vondelpark liegen die gemütlichen Straßen mit den kleinen Plätzen und den schattigen Bäumen. Viele Cafés und besondere Läden machen Amsterdam West zu einem sehr beliebten Wohnviertel für Künstler, Studenten und Familien.

In den vergangenen Jahren sind neue Initiativen aus dem Umwelt- und Energiebereich hinzugekommen. Auch die Kulturschaffenden haben den Weg in den Westen gefunden. In ehemaligen Schulen, Krankenhäusern und Fabriken des 19. Jh. kamen Ateliers und Galerien unter. Vor allem die alte Westergasfabrik im Norden des Stadtteils hat sich zu einem spannenden kulturellen Zentrum entwickelt.

◄ De Hollandsche Manege (► S. 99) wurde im Stil einer spanischen Reitschule erbaut.

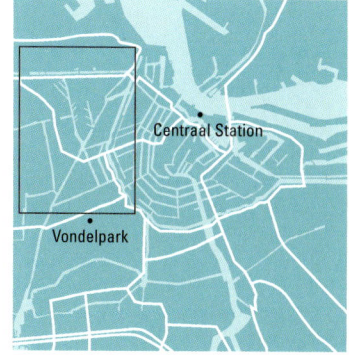

Das Viertel erstreckt sich vom Vondelpark bis weit in das westliche Hafengebiet und ist seit dem 19. Jh. der Ort der architektonischen Experimente. Hier kann man sehen, wie Amsterdam plante und baute.

PALÄSTE FÜR DIE ARMEN

Höhepunkt ist ganz sicher die Spaarndammerbuurt. Sozialreformer ließen in den 1920er-Jahren für die Hafenarbeiter bezahlbare, aber auch schöne Wohnungen bauen. »Kleine Paläste für die Armen« war der Slogan. Nach heutigem Maßstab waren sie klein, damals aber fast schon luxuriös und als Arbeiterhäuschen sogar eine Revolution. Sie sind ganz im Stil der expressionistischen Amsterdamse School gebaut.

NEUE INSELN IM ALTEN HAFEN

Wie die Stadtplanung heute funktioniert, erkennt man im alten westlichen Hafengebiet. Es bekommt, ebenso wie sein Gegenstück im Osten, eine spektakuläre Skyline mit für Amsterdamer Verhältnisse nahezu gigantischen Hochhäusern.

Im alten Holzhafen stehen hier und da noch heruntergekommene Hallen zwischen Brachflächen. Doch auch hier verändert sich etwas. Die ersten künstlichen Inseln wurden bereits aufgeschüttet. Am Silodam hat die spektakuläre Zukunft schon begonnen: Die alten Getreidesilos wurden zu aufregenden Luxusapartments umgebaut. Etwas weiter liegt das schrille bunte Apartmenthaus der Rotterdamer Star-Architekten MVRDV. Mitten im Wasser, wie ein bunter Legostein.

1 SEHENSWERTES

De Hollandsche Manege 👫 🚩 C4

Direkt am Vondelpark findet man eines der kleinen Geheimnisse von Amsterdam: die älteste Reitschule der Niederlande und eine der schönsten städtischen Manegen Europas. Sie ist über 130 Jahre alt.

Vondelstraat 140 | Tram: Constantijn Huygensstraat/Overtoom | www.dehollandschemanege.nl | tgl. 10–17 Uhr | Eintritt 8 €

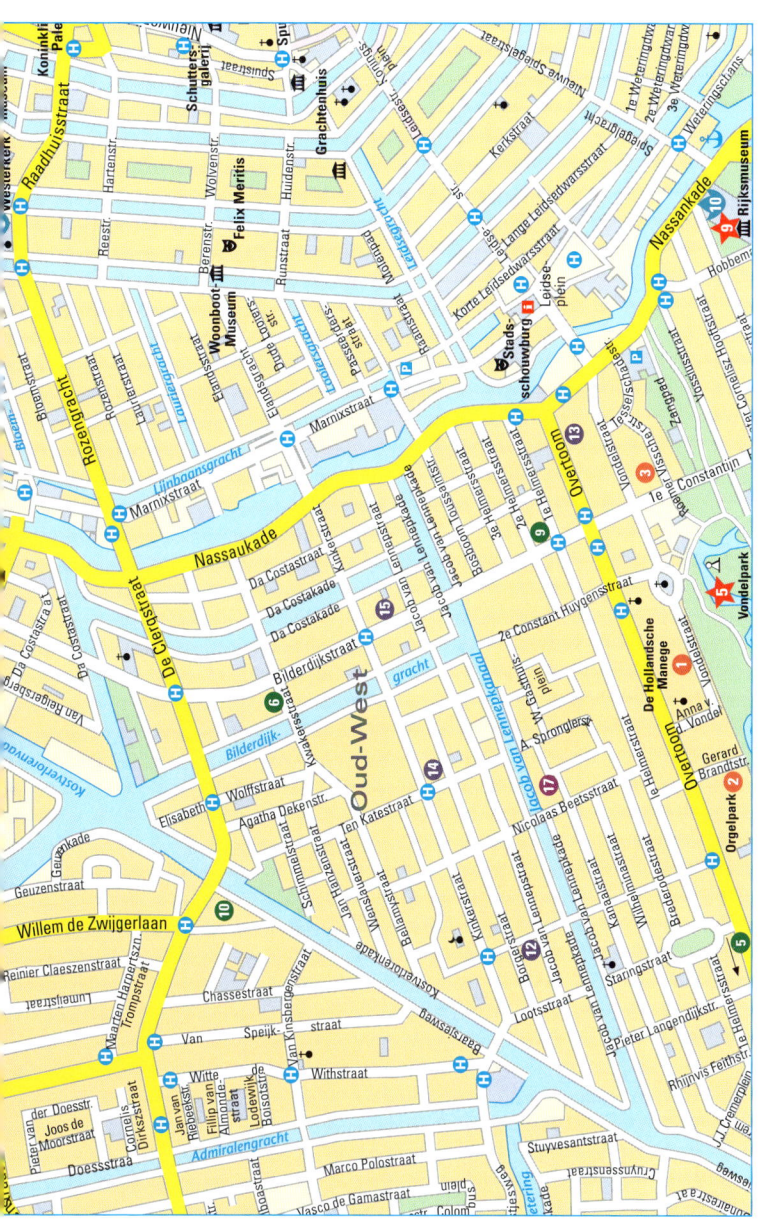

❷ Orgelpark ⚓ C 4

Ein Park der besonderen Art. Zehn Orgeln und Flügel vom 15. Jh. bis zur heutigen Zeit stehen in der wundervoll restaurierten alten Parkkirche. Von der Drehorgel bis zur klassischen Kirchenorgel. Regelmäßig spielen hier internationale Organisten, Komponisten und andere Künstler von Bach über Jazz bis Frank Zappa.

Gerard Brandtstraat 26 | Tram: Jan Pieter Heijestraat | www.orgelpark.nl | Eintritt ab 12,50 €

❸ Zevenlandenhuizen ⚓ D 4

Diese Reihe von Wohnhäusern ist ein Kuriosum der Architekturgeschichte. In der aufkommenden Euphorie über die bevorstehende Weltausstellung 1900 in Paris baute der niederländische Architekt Tjeerd Kuipers die »Siebenländerhäuser« 1894 im jeweiligen Stil sieben europäischer Länder.

Roemer Visscherstraat | Tram: Leidseplein

MUSEEN UND GALERIEN

❹ Museum Het Schip ▸ S. 119

ESSEN UND TRINKEN

RESTAURANTS

❺ Buuf ⚓ B 4/5

Wie zu Hause – Buuf ist die Abkürzung für Buurvrouw, zu Deutsch: Nachbarin, und das ist auch das Prinzip. Hier wird so gesund und lecker gekocht wie daheim. Vom Brot bis zum Ketchup ist alles hausgemacht. Es gibt keine Bedienung, jeder nimmt sich selbst. Wer keine Lust zu kochen hat und mit der Nachbarin gemütlich schwatzen will, der geht zu Buuf.

Das Wijncafe Worst (▸ S. 104) ist in einer ehemaligen Metzgerei untergekommen. Zum Wein gibt es Weißwürste, Hummerwürstchen oder Thüringer Leberwurst.

Overtoom 495 | Tram: Overtoomse-
sluis | www.buufeten.nl | tgl. 11.30
–22 Uhr | €€

6 Du Cap  C 3

Leckere Pizza – Die beste Pizza der
Stadt, sagen Bewohner von Amsterdam West. Und die kommen daher immer wieder. In dem gemütlichen leicht
orientalischen Ambiente mit einem
Fußboden aus Backsteinen kann man
auch einfach nur einen Wein trinken
oder ein leckeres Menü essen. Die Terrasse ist genial.
Kwakersplein 2 H | Tram: Kinkerstraat |
Tel. 6 12 44 55 | www.du-cap.nl | So–Do
9–1, Fr, Sa 9–3 Uhr | €€

7 De Culinaire Werkplaats D 1

Trendiger Mix – Designstudio, Restaurant, Delikatessenladen, Galerie, Kochstudio … In ihrer kulinarischen Werkstatt kreieren Eric und Marjolein
täglich neue Gerichte und Produkte.
Pesto mit roten Rosen oder Zitronen-
Lavendelsirup etwa. Übrigens auch ein
nicht alltägliches Mitbringsel. In der
Werkplaats ist alles biologisch und Fair
Trade.
Fannius Scholtenstraat 10 | Tram: Nas-
saukade | Tel. 06 54 64 65 76 | www.de
culinairewerkplaats.nl | Fr, Sa 18–22 Uhr |
Reservierung empfohlen! | €€€

8 Marius nördl. E 1

Romantisches Wohnzimmer – Ein
kleines Stück Paris im Westen. Das
Wohnzimmer-Restaurant (unbedingt
reservieren!) ist seit über zehn Jahren
ein Geheimtipp. Wer romantisch essen
oder mit guten Freunden lange tafeln
will, der setzt sich in diese anheimeln-
de Gaststube mit Geranien und alten

Vitrinenschränken. Der Koch zaubert
aus den Produkten, die er morgens auf
dem Markt gefunden hat, ein ländli-
ches französisch-italienisches Menü.
Bouillabaisse und Vitello tonnato sind
die Klassiker. Und die Weinkarte ist
auch sehr fein.
Barentszstraat 173 | Tram: Zoutkeets-
gracht | Tel. 4 22 78 80 | http://deworst.
nl/restaurant-marius-table-dhote | Di–
Sa 18.30–0.30 Uhr | €€€

CAFÉS

9 Screaming Beans D 4

Nicht einfach ein »kopje koffie«, sondern den perfekten, edlen Kaffee wollen sie bei den schreienden Bohnen
servieren. Hier wird selbst geröstet,
gemischt und aufgebrüht, und zwar bis
Mitternacht. Doch nicht nur das: Im
Screeming Beans trifft man sich auch
zu köstlichen französischen Häppchen.
Jeder stellt sich selbst ein Menü aus einer langen Liste von Kleinigkeiten zusammen. Praktisch, denn so kann man
viel von den raffinierten Köstlichkeiten
probieren.
Eerste Constantijn Huygensstraat 35 |
Tram: Constantijn Huygensstraat/Over-
toom | www.screamingbeans.nl | Di –
Fr 8.30–24, Sa 9–24, So 10–23 Uhr | €€€

BARS

10 Bar Spek C 3

Die Bewohner des Viertels sitzen auf
den bunt zusammengewürfelten Stühlen und nippen im Sommer auf der tollen Terrasse am Wasser an ihren Cocktails. Die Kneipe an der Ecke ist fast
immer voll, denn auch andere Amsterdamer machen dafür gern einen Umweg. Wer Hunger hat, isst in der Bar
Spek Pizza.

Admiraal de Ruijterweg 1 | Tram: Willem de Zwijgerlaan, De Clercqstraat | www.barspek.nl | Mo–Do 8–1, Fr, Sa 9–2, So 9–1 Uhr

⑪ Wijncafe Worst   E1

Wein und Wurst passen wunderbar zusammen. Bewohner des Viertels, Intellektuelle, Leckermäuler: Sie alle kommen nicht etwa für eine einfache Bratwurst, sondern für die selbst gemachten Schinken und Patés. Man kann ein Häppchen beim guten Glas Wein bestellen, wie in einer klassischen Weinbar eben, oder groß dinieren. Nur Freitag- und Samstagabend wird erwartet, dass die Gäste im Wijncafe Worst auch essen.

Barentszstraat 171 | Tram: Zoutkeetsgracht | http://deworst.nl | Di–Sa 16–0, So 10–22 Uhr | €

EINKAUFEN
GESCHENKE

⑫ In My Kitchen   C4

Von Kunst bis Kitsch, von feinem japanischen Porzellan bis zu bunter türkischer Keramik. Nicht nur Hobbyköche kommen hier auf ihre Kosten. Helen Calikci verkauft, was mit Kochen und Essen zu tun hat. In diesem fröhlichen Laden dreht sich alles um Genuss. Und flämischer Champagneressig oder italienische Kekse sind ja auch schöne Mitbringsel.

Jan Pieter Heijestraat 76/78 | Tram: Jan Pieter Heijestraat | www.inmykitchen.nl

MÄRKTE

⑬ Marqt   D4

Kaum hatte der erste biologische Supermarkt eröffnet, war er ein Renner – vor allem bei den besserverdienenden Feinschmeckern der Stadt und all jenen, die schon lange auf gute Bio-Produkte gewartet hatten. Hier gibt es zwar auch Körner, aber vor allem Delikatessen aus ganz Europa. Gemüse und Obst von Bauern aus der Region und dazu frisch zubereitete Salate und Quiches.

Overtoom 21 | Tram: Overtoom | www.marqt.nl | tgl. 9–22 Uhr

⑭ Ten Kate Markt   C4

Von Blumen bis Kleidung findet man fast alles auf dem gemütlichen und bunten Markt direkt an der Kinkerstraat. Dies ist wirklich noch eine sehr typisch gesellige Einkaufsstraße der Stadt. Hier kaufen die Bewohner des Viertels, Studenten und Familien aus allen Teilen der Welt.

Ten Katestraat | Tram: Kinkerstraat | Mo–Sa 9–18 Uhr

MODE

⑮ Jutka en Riska   D3

Secondhand, aber fein bis schrill. Von Jil Sander bis Gucci. Frauen fast jeden Alters stürmen den Laden der beiden Schwestern. Übrigens verkaufen sie auch ihre eigene Kollektion und die von jungen Designern, und das ist dann »first hand«. Eine Pilgerstätte für Modefreaks.

Bilderdijkstraat 194 | Tram: Kinkerstraat | www.jutkaenriska.nl

KULTUR UND UNTERHALTUNG
KINO

⑯ Ketelhuis   D1

Das Kino ist die erste Adresse in Amsterdam für den niederländischen Film, aber auch für andere europäische Arthouse Movies und internationale Do-

Eine Messe für erschwingliche Kunst: In der alten Westergasfabrik (▶ S. 105) findet alljährlich die Affordable Art Fair statt. Die Kunst hat das ehemalige Industriegelände erobert.

kumentarfilme. Das Filmhaus mit der langen Bar liegt im Kulturpark Westergasfabrik.

Pazzanistraat 4 | Tram: Van Limburg Stirumplein | www.ketelhuis.nl | Karte 9,50 €

VERANSTALTUNGEN

17 Lab 111 ⚓ C 4

In dem ehemaligen Krankenhaus riecht es garantiert nicht mehr nach scharfen Desinfektionsmitteln. Hier richteten sich Künstler ihre Ateliers ein und zogen kreative und ökologische Betriebe ein. Im dem früheren anatomischen Labor LAB 111 trifft sich die Kunst-Avantgarde auf einen Drink und liest unter alten OP-Lampen die Zeitung. Die Wände haben Künstler bemalt und abends legen DJs die neuesten Scheiben auf.

Arie Biemondstraat 111 | Tram: Overtoom | www.lab111.nl | Di–Fr 14–1, Sa 18–1, So 14–24 Uhr

18 Westergasfabrik ⚓ C 1

Mehr als 100 Jahre lang wurde in den roten Backsteingebäuden Gas aus Kohle produziert. Als die Fabrik in den 1960er-Jahren ihre Tore schloss, blieb ein schwer verseuchtes Gelände zurück. Nach der Sanierung des Bodens kamen Musiker und Künstler auf das Gelände. Und da es dicht beim Jordaan und doch etwas abseits von Wohnvierteln liegt, wurde es der ideale Ort für große Festivals. Inzwischen ist die Westergasfabrik der neue kulturelle Treffpunkt für Theater, Musik, Film und Kunst.

Polonceaukade 27 | Tram: Limburg van Stirumplein | www.westergasfabriek.nl

NICHT ZU VERGESSEN!

*Auch vor den Toren von Amsterdam gibt es viel zu entdecken:
Mühlen, Weiden, Dörfer – holländische Bilderbuchlandschaften.
Ein verwunschener Friedhof an der Amstel. Kunst im Städtchen
Amstelveen. Ein exotischer Markt und ein echter Wald.*

Amsterdam liegt mitten im Ballungsgebiet Randstad, zu dem auch Städte
wie Den Haag, Leiden und Utrecht gehören. Das heißt, dass man auch
diese Orte relativ schnell und bequem entdecken kann. Dennoch ist der
Großraum keine Steinwüste.

Im Norden von Amsterdam, nur rund 15 Fahrradminuten vom Zentrum
entfernt, beginnt das weite Land mit Kanälen, Mühlen und Dörfern wie
Marken oder Monnickendam. Holland wie aus dem Bilderbuch, bis hin
zum Ijsselmeer.

Im Süden schlängelt sich die Amstel durch eine romantische Landschaft.
Die überraschenden Ecken an den Grenzen von Amsterdam können Sie
wunderbar mit dem Rad oder zu Fuß entdecken. Kleiner Geheimtipp:
Drehen Sie eine Runde um den Polder Ronde Hoep. Ein Polder ist Land,
das die Ingenieure dem Wasser durch den Bau von Deichen und Kanälen

◀ Ländliche Idylle ganz in der Nähe von
Amsterdam: das Dorf Marken (▶ S. 106).

und den Einsatz von Pumpen abgerungen haben. Der Polder Ronde Hoep ist ein Beispiel für die berühmte Wasserbaukunst der Niederländer. Die Idylle mit ihren Weiden und den Bauernhöfen wird zu einer Bilderbuchlandschaft, wenn es im Winter friert. Amsterdamer gleiten dann mit Schlittschuhen auf den zugefrorenen Kanälen durch die stille Gegend. Infos über Touren gibt es bei den Fremdenverkehrsbüros.

Ein sehr beliebtes Ausflugsziel ist der Amsterdamse Bos, der Stadtwald im Süden. An den Bos grenzt das wohlhabende Städtchen Amstelveen mit seinem kleinen, aber feinen Kulturangebot und seinem historisch interessanten Park Wester-Amstel.

KARIBIK AN DER AMSTEL: STADTTEIL SÜDOST

Ein ganz besonderer Stadtteil ist der Südosten, Zuidoost. De Bijlmer, wie die Amsterdamer sagen, ist mit rund 80 000 Bewohnern praktisch eine Stadt für sich. Ja sogar eine andere exotische Welt. Denn hier leben neben einer großen Anzahl von Niederländern aus den früheren Kolonien Surinam und den Antillen viele Afrikaner. Das Leben ist bunt, die Festivals atmen karibisches Flair, und auf den Märkten findet man die ausgefallensten Produkte.

In den 1960er-Jahren sollte hier eine Utopie Wirklichkeit werden. Ruhe und Raum, und das nur einen Katzensprung von der City entfernt – so hatten es sich die Stadtplaner ausgemalt. Doch in die Hochhäuser zogen vorwiegend arme Zuwanderer an. Große soziale Probleme waren die Folge. De Bijlmer wurde zum Sorgenkind der Stadt. Die Wende kam 1992 mit einem schweren Flugzeugunglück, als eine Maschine in ein zehnstöckiges Wohnhaus stürzte. Das Viertel wurde neu aufgebaut und an die Stelle der anonymen Mietskasernen kamen moderne Einfamilienhäuser und schicke Eigentumswohnungen. Immer noch gibt es viele soziale Probleme und die (Drogen-) Kriminalität ist hoch. Der Stadtteil bleibt den anderen Amsterdamern so fremd wie ihre meist schwarzen Mitbürger aus den früheren Kolonien. Doch langsam ändert sich das. Denn Südost hat sich in den letzten Jahren trotz aller Schwierigkeiten zum neuen Ausgehviertel Amsterdams gemausert. In großen Hallen gibt es Popkonzerte und Musicals. Und mitten im Vergnügungs- und Shoppingzentrum Amsterdam Poort liegt wie ein Ufo die Amsterdam Arena, Heimat des legendären Fußballvereins Ajax Amsterdam.

Der Ziggo Dome im Amsterdamse Poort (▶ S. 108). Die gigantische Halle direkt neben der Amsterdam ArenA wurde 2012 eröffnet. Die Konzerte sind oft »uitverkocht«, ausverkauft.

SEHENSWERTES

Amsterdam ArenA   ▶ Karte S. 133, b 2

Am Südrand der Stadt liegt die Heimat von Rekordmeister Ajax Amsterdam. In diesem ersten Stadion Europas mit einem Schiebedach wird nicht nur Spitzenfußball gespielt. Vor bis zu 53 000 Besuchern treten auch die ganz großen Pop- und Rockstars auf.

ArenA Boulevard 1 | Metro: Bijlmer ArenA | www.amsterdamarena.nl

Amsterdamse Poort   ▶ Karte S. 133, b 2

Das neue Vergnügungs- und Shoppingzentrum der Stadt. Mit Megakinos und zwei Konzerttempeln – Heineken Music Hall und Ziggo Dome mit 17 000 Plätzen. Zwischen großen Kaufhäusern spielt sich auch das exotische Leben des Multikulti-Stadtteils Südost ab. Auf dem Markt findet man Stoffe, Gewürze und Gemüse wie sonst nur in Afrika oder Südamerika.

Zuidoost | Bijlmerplein | Metro: Bijlmer ArenA | www.demarktenzuidoost.nl/an tondekom.html | Mo, Di, Do, Fr 9–18 Uhr

Amsterdamse Bos   ▶ Karte S. 133, a 2

Der Park wurde 1934 als Forstprojekt angelegt und ist heute mit rund 1000

Hektar einer der größten Stadtparks Europas. Park ist eigentlich das falsche Wort. Es ist ein Wald mit vielen Tieren und 150 Baumarten. Zudem findet man hier auch Orchideen und andere seltene Pflanzen zwischen dem Schilf. Für die Amsterdamer ist der Bos ein traumhaftes Naherholungsgebiet mit langen Alleen, verwunschenen Pfaden, hohen Bäumen, Wiesen, Kanälen und kleinen Seen. Im Sommer ziehen ganze Familien zum Picknick dorthin. Man kann den Stadtwald mit dem Rad, im Kanu, auf Rollschuhen und natürlich zu Fuß durchstreifen.

Zuid | Bosbaanweg | Bus: Van Nijenrodeweg/Amstelveenseweg | www.amsterdamsebos.nl

Blijburg ▶ Karte S. 133, b 2

Der Strand auf der neu angelegten Wohninsel Ijburg ist der einzige Stadtstrand Amsterdams, der den Namen auch verdient. Von hier aus hat man einen weiten Blick übers Ijsselmeer, kann schwimmen, spielen oder einfach nur im Sand liegen. Gemütliche Atmosphäre, alternativ und manchmal leider übervoll.

Muiderlaan 1001 | Tram: Strand IJburg | www.blijburg.nl

Muiden, Pampus, Vuurtoreneiland
▶ Karte S. 133, c 2/b 1

Vom Hafen in Ijburg fahren regelmäßig Fähren ins historische Muiden, das wegen seines mittelalterlichen Schlosses landesweit bekannt ist. Die Boote steuern von März bis Oktober auch die beiden kleinen Inseln Pampus und Vuurtoreneiland an.

Zandstraat 3-III | Tram: Pampuslaan | www.veerdienstamsterdam.nl

Ouderkerk ▶ Karte S. 133, b 2

An der Amstel gelegen, im Süden der Stadt, findet man im Dorf Ouderkerk einen stillen und melancholischen Ort: Beth Haim, das Haus des Lebens, ist der älteste jüdische Friedhof der Niederlande und wegen der künstlerisch gestalteten Grabsteine berühmt. 1614 entstand hier die letzte Ruhestätte für portugiesische und spanische Juden, die vor der Inquisition nach Amsterdam geflohen waren. Die Eltern des Philosophen Spinoza und der Leibarzt von Maria de Medici, Doktor Eliahu Montalto, liegen in Beth Haim begraben. Für die kleine portugiesisch-jüdische Gemeinde ist das Haus des Lebens auch ein Ort des Gedenkens.

Ouderkerk | Bus: Oranjebaan, Ouderkerkerlaan | www.ouderkerk.nl

Wester-Amstel ▶ Karte S. 133, b 2

Direkt am Westufer der Amstel bei Amstelveen liegt das romantische Landhaus in einem traumhaften Park. Im 17. Jh. hatte ein reicher Amsterdamer Kaufmann das stattliche Herrenhaus als Sommersitz für seine Familie gebaut. Von den ehemals rund 60 Sommerresidenzen an der Amstel existieren heute nur noch drei. Man darf in den historischen Gärten lustwandeln und die Konzerte oder Ausstellungen im restaurierten Landsitz besuchen.

Amstelveen | Amsteldijk Noord 55 | Bus: Burg/Amsteldijk | www.wester-amstel.nl

– Park: 15. April–15. Okt. Mo–Fr 9–16.30, Sa, So 12–16.30, 16. Okt.–14. April Mo–Fr 9–16.30 Uhr

– Ausstellungen: April–Sept. Do–So 12–16.30 Uhr

– Konzerte: Okt.-März So 15 Uhr

Im Fokus
Die »Titanic« von Amsterdam

Mächtige Segelschiffe zogen einst von Amsterdam über die Weltmeere. Sie brachten Reichtum und Macht im Goldenen Zeitalter. Der stolze Dreimaster »Amsterdam« ist Symbol für Blüte und Untergang. Heute liegt ein Nachbau im Hafen.

Es muss ein grandioser Anblick gewesen sein, als die »Amsterdam« im Oktober 1748 in See stach. Der stolze Dreimaster war 150 Fuß (42,50 m) lang, hatte einen Tiefgang von 19 Fuß (5,50 m), war 1100 Tonnen schwer und hatte 42 Kanonen an Bord. Majestätisch glitt das Schiff in Richtung Zuiderzee – das Binnenmeer, das damals noch gleich hinter der Stadt lag. Eine Reise von mindestens acht Monaten sollte beginnen.

Am Ufer, beim mittelalterlichen Turm, dem Schreierstoren, war das Volk zusammengeströmt, obwohl die Amsterdamer die großen Kähne gewohnt waren. Dort, wo heute der Hauptbahnhof liegt, Packhäuser und moderne Wohntürme emporragen, verlief eine der am stärksten befahrenen Routen Europas.

Seit 1602 schickte die Vereinigte Oostindische Compagnie (VOC) ihre Handelsflotte nach Asien: China, Japan und das heutige Indonesien. Reiche Kaufleute hatten ihre Kräfte gebündelt und ihr Kapital in diese erste Aktiengesellschaft der Welt gesteckt. Es wurde eine gigantische Erfolgs-

◄ Ein Nachbau der »Amsterdam« liegt heute
vor dem Schifffahrtsmuseum (► S. 120).

story. Die Niederlande waren die Herren des Seehandels. Mit der »Amsterdam« hatten die »Heeren XVII«, die Herrscher der VOC, erneut ein prächtiges Flaggschiff für ihre mächtige Handelsflotte.

Auch fast 150 Jahre nach den Anfängen der VOC war der Stapellauf eines »Ooostindiëvaarders« noch immer etwas Besonderes. Pro Jahr wurden nur drei der mächtigen Dreimaster auf der Amsterdamer Werft gebaut. Fast eineinhalb Jahre hatten die Bürger miterlebt, wie der wuchtige Schiffsrumpf wuchs, hatten das Hämmern und Sägen gehört, hatten gesehen, wie das Schiff getakelt wurde. Nun, im Oktober 1748, war die »Amsterdam« fertig.

STOFFE, WEIN UND EIN SILBERSCHATZ

Die Lagerräume waren gefüllt mit Stoffen aus Haarlem und Leiden, Wein aus Deutschland und Frankreich, Kleidung, Werkzeug und Töpfen für die niederländischen Siedlungen im Fernen Osten. Das Kostbarste aber war Silber im Wert von gut 300 000 Gulden – damals ein Vermögen. Dafür sollten die Kaufleute Zinn und Salpeter, Stoffe und vor allem Gewürze wie Pfeffer, Kardamom und Muskatnuss kaufen. Kapitän war der aus Lettland stammende Willem Klump. Ein erfahrener Mann. Es sollte seine zweite Reise auf einem VOC-Schiff sein. An Bord waren 230 Schiffsleute, 127 Soldaten und fünf Passagiere.

Viele Frauen standen am Schreierstoren und nahmen Abschied von ihren geliebten Männern und Söhnen. Die vielen heulenden Frauen sollen dem wuchtigen Turm, eines der ältesten Gebäude der Stadt, seinen Namen gegeben haben. So sagt die Legende. Ein Stein, der 1569 in die Backsteinmauer eingemeißelt wurde, zeigt auch eine weinende Frau. Doch der Name des Turms ist prosaischer. Er geht zurück auf das altholländische Wort »screyhoeck«, was »scharf zulaufende Ecke« bedeutet.

Doch Legende oder nicht – an jenem Oktobertag 1748 werden sicher sehr viele Tränen geflossen sein. Denn anzuheuern auf einem VOC-Schiff, war fast schon ein Selbstmordkommando.

KEIN ORT FÜR SEEROMANTIK

Die ärmsten Amsterdamer hatten kaum eine andere Wahl, wenn sie dem Elend entkommen wollten. Sogenannte Seelenverkäufer lockten die jungen Männer, oft auch Kinder von zwölf Jahren, mit Unterkunft und Verpflegung. Sie versorgten sie so lange, wie die VOC mit Trompeten und Trommeln in der Stadt bekannt machte, dass sie Seeleute brauchte. Später steckten sich die gerissenen Zwischenhändler einen großen Teil der Heuer der armen Kerle in die eigene Tasche. Auch die Regenten der Waisen- und Armenhäuser lieferten Besatzung für die VOC-Flotte.

Das Leben an Bord war hart. »Wenn ich das gewusst hätte, hätte ich dafür gesorgt, an den Töpfen meiner Mutter zu bleiben«, klagte ein unbekannter Matrose 1751 in einem Tagebuch. Die schwere Arbeit an Bord, Krankheiten, Epidemien und Kämpfe forderten einen hohen Preis. Von 1701 bis 1800 schifften sich 671000 Arme, Matrosen, Abenteurer, Flüchtlinge oder Bauern auf einem VOC-Schiff ein. Nur 266000 kehrten zurück.

Die »Amsterdam« segelte zunächst zur Insel Texel und sollte von dort Kurs auf England und dann auf Asien nehmen. Doch die See war rau, die Stürme heftig. Zwei Versuche, von Texel aus in die Nordsee zu stechen, schlugen fehl. Erst am 8. Januar gelang es. Die große Reise konnte endlich richtig beginnen. Doch sie war nur kurz.

DRAMA VOR HASTINGS

Schon kurz nach dem Ablegen war an Bord eine Epidemie ausgebrochen. 50 Mann starben, 40 lagen krank unter Deck auf stinkenden Matratzen. Durch die Stürme war die »Amsterdam« auch noch beschädigt. Am 26. Januar 1749 steuerte Skipper Willem Klump daher beim englischen Hastings eine Sandbank an. Ein sicherer Ankerplatz, so war es zumindest in den Seekarten verzeichnet. Klump hoffte, Schiff, Ladung und Besatzung zu retten. Das aber gelang nur zum Teil. Die Mannschaft konnte das Schiff noch verlassen. Auch das Silber wurde gerettet. Doch dann sackte vor den Augen des Kapitäns und der Besatzung das gigantische Schiff mit dem Rest der Ladung im Modder weg. Am 11. März 1749 gab die VOC alle Bergungsversuche auf – die »Amsterdam« war verloren.

Bis heute liegt das Wrack im Schlamm vor Hastings. Bei extrem niedrigem Wasserstand ragen die Reste noch heraus. Doch trotz aller moderner Hilfsmittel scheiterten bisher alle Versuche, das Schiff zu bergen. Die Geschichte des großen Handelsseglers hat Amsterdam nie wieder losgelassen. Das Schiff, das den Namen der Stadt trägt, wurde zur niederländischen »Titanic«.

Der Verlust war für die VOC ein schwerer Schlag. Die Gesellschaft kämpfte damals schon mit gigantischen Problemen. Über 150 Jahre lang hatte sie eine fast unangefochtene Monopolstellung in Asien. Die Kaufleute erwarben Seide in China, tauschten sie für Gold in Japan, kauften indische Stoffe und die heiß begehrten Gewürze. Daheim in Amsterdam scheffelten die Aktionäre dicke Dividenden. Und die Stadt profitierte. Das 17. Jh. wurde zum goldenen Zeitalter.

Doch im folgenden Jahrhundert ging es bergab. Falsche finanzielle Entscheidungen, Kriege mit den Engländern, Aufstände in den Kolonien und zunehmende Konkurrenz erschwerten den Handel bis zur unausweichlichen Pleite. 1800 wurde die VOC schließlich aufgelöst.

SYMBOL FÜR BLÜTE UND UNTERGANG

Heute schaukelt der mächtige Dreimaster stolz vor dem Schifffahrtsmuseum auf dem Wasser. Er ist eine Replika und doch das heimliche Wahrzeichen der Stadt. Schließlich ist dieses Schiff wie kein anderes das Symbol für die Blütezeit der VOC und ihren Untergang.

An Bord der Replika der »Amsterdam« mit seinen grandiosen Gallionsfiguren können große und kleine Besucher mit allen Sinnen diese Geschichte erleben. Das schwere Leben der Matrosen, die mit Hafergrütze, Trockenfleisch und einem Fingerhut Jenever überleben mussten. Sie schliefen unter Deck, zusammengepfercht auf engstem Raum, ohne frische Luft und ohne WC.

Die Ladung war kostbarer als die Menschen. Bei ruhiger See konnten sie auf dem Deck Luft schnappen, Musik machen oder Karten spielen. Doch bei Sturm wurden alle Luken geschlossen. Wer heute gebückt unter Deck lang läuft, spürt die Enge, hört fast das Stöhnen und Husten, riecht den Gestank. Dazu kommt dann der extreme Gegensatz: Die Kapitänskajüte auf dem Oberdeck ist fast schon ein königlicher Palast.

ZURÜCK IM HEIMATHAFEN

Ihr berühmtestes Schiff nachzubauen, hatte die Stadt 1985 beschlossen. Anlass war die große Parade der historischen Segelschiffe aus aller Welt bei der alle fünf Jahre stattfindenden Sail in Amsterdam. Ausgerechnet das Gastgeberland, das einst mächtigste Seefahrervolk der Welt, hatte dabei keinen würdigen Vertreter.

Die Rekonstruktion der »Amsterdam« war nicht nur ein Prestigeprojekt, sondern auch ein soziales Unternehmen. 400 arbeitslose Jugendliche bauten den Segler nach historischen Modellen und Bauzeichnungen mit originalgetreuen Materialien. Im Sommer 1990 war es dann so weit. Eine stolze »Amsterdam« war die Königin der Sail, der berühmten Parade. Nach einer turbulenten Geschichte und fast 250 Jahren war die »Amsterdam« wieder zurück in ihrem Heimathafen.

MUSEEN UND GALERIEN

Drei Kathedralen der Kunst: das Reichsmuseum, das Van Gogh Museum und das Stedelijk Museum für moderne Kunst. Dazu wird in vielen kleinen und skurrilen Museen die bunte Geschichte lebendig: Schiffe, Grachten, Architektur – und Handtaschen.

Das Zentrum von Amsterdam ist an sich schon ein Museum – allerdings eines, das lebt. Seine Grachten, Wohn- und Packhäuser sind Monumente des goldenen Zeitalters, des 17. Jh. Das Besondere ist, dass die Besucher Amsterdams Kultur und Geschichte der Stadt in den historischen Gebäuden selbst erleben können. Die Museen in der Innenstadt beleuchten alle Facetten der reichen Kultur. So erzählt das Amsterdam Museum die über eintausend Jahre alte Geschichte der Stadt. Das Schifffahrtsmuseum führt die Besucher zurück in die glorreiche Zeit der stolzen Handelsflotte, der die Stadt ihren Reichtum verdankte. Und in das dunkle Kapitel der deutschen Besatzung im Zweiten Weltkrieg und der Judenverfolgung kann man sich hautnah und ergreifend im Anne-Frank-Haus hineinversetzen. Die über 50 oft kleinen Museen in den historischen Grachtenhäusern aber bieten noch viel mehr: Dort können Sie selbst entdecken, wie

◀ Viel Licht: das 2013 wiedereröffnete Rijksmuseum (▶ MERIAN TopTen, S. 120).

die Kaufleute im goldenen Zeitalter lebten. Was hängten sie an ihre Wände? Wie gestalteten sie ihre Gärten? Und wie wohnte Rembrandt eigentlich? Hier lernt man auch die Ursprünge der typischen Amsterdamer Li-
beralität verstehen. Das Geheimnis der Toleranz etwa entdeckt man erst,
wenn man selbst die Stufen zu einer der historischen Kirchen im Untergrund hinabgestiegen ist. Doch Vorsicht: Findige Geschäftsleute wollen
an der Faszination vieler Besucher für diese Freizügigkeit nur verdienen.
Die angeblichen Museen für Sex oder Drogen sind oft nichts anderes als
schamlose Touristenfallen.

PARADIES FÜR KUNSTLIEBHABER

Kunstliebhaber kommen im Süden der Stadt voll auf ihre Kosten. Die
erste Adresse ist der Museumsplatz mit dem weltberühmten Reichsmuseum, der Schatzkammer der Niederlande, als strahlendem Mittelpunkt.
Dort sind auch die beiden anderen berühmten Museen der Stadt. Das
Stedelijk Museum für moderne Kunst und das Van Gogh Museum. Der
Platz ist eng mit der historischen Innenstadt verbunden. Wie ein roter
Teppich verläuft die Spiegelstraat von der Herengracht auf das Reichsmuseum zu. Und in dem Viertel rund um diese Straße, dem Spiegelkwar-
tier, kann man Kunst- und Kulturschätze in Galerien und Antiquitäten-
geschäften kaufen.

EINSCHRÄNKUNGEN UND PRIVATE INITIATIVEN

Sparmaßnahmen der niederländischen Regierung haben dazu geführt,
dass der Kulturhaushalt Amsterdams erheblich geschrumpft ist. Das fühlen auch die Besucher schmerzhaft. Denn der Gratisbesuch an bestimmten Tagen wurde gestrichen, Eintrittspreise wurden erhöht und Öffnungszeiten eingeschränkt. Gerade bei den Top-Museen der Hauptstadt
muss man daher oft längere Wartezeiten in Kauf nehmen. Wer sein Ticket schon online gekauft hat, kann aber zumindest die Schlangen an den
Kassen umgehen.
Doch trotz karger Subventionen entstehen auch heute noch, wie schon
im Goldenen Zeitalter, viele kleine Museen durch Privatinitiative. Amsterdamer sind Sammler und wollen ihre Schätze auch mit anderen teilen.
Ob das nun Handtaschen sind, Fotografien, Katzen oder Musikinstru-
mente. Und die zu entdecken, lohnt sich wirklich.

Amsterdam Museum  E 3

Die erste Adresse für alle, die mehr über Amsterdam wissen wollen. Von A wie Ajax über Hasch und Huren, Kaufleute und Kirchen bis Z wie Zeevaart. Witzig und spannend aufbereitet. Tipp: Im »Kleinen Waisenhaus« sehen, fühlen und riechen nicht nur die Kleinen, wie man im 17. Jh. lebte.

Centrum | Kalverstraat 92/Sint Luciënsteeg 27 | Tram: Spui | www.amsterdammuseum.nl | tgl. 10–17 Uhr | Eintritt 10 €

Anne Frank Huis D 2

Vor dem Hinterhaus an der Prinsengracht stehen fast immer lange Schlangen. Hier war Anne Frank bis 1944 vor den Deutschen untergetaucht und schrieb ihr weltberühmtes Tagebuch. Hinter einem Regal war die steile Stiege zum Versteck verborgen. Oben in dem engen Kämmerchen wird jeder still.

Centrum | Prinsengracht 267 | Tram: Westermarkt | www.annefrank.org | 15. März–31. Okt. tgl. 9–21, 1. Nov.–14. März tgl. 9–19 Uhr | Eintritt 9 €

Leinwände auf der Museumsstraße

Die kleine Gasse ist eine der wenigen frei zugänglichen Museumsstraßen der Welt. Hier posieren die wohlhabenden Bürger der Stadt auf übergroßen Leinwänden (▶ S. 14).

De Appel Arts Centre F 2

Das internationale Kunstzentrum gilt seit 1975 als führende Plattform für die zeitgenössische Kunst. In seinen Ausstellungen, Performances, Lesungen und Debatten spürt es nach Tendenzen der modernen Kunst. Das Centre gilt vor allem als tonangebend für die moderne bildende Kunst.

Centrum | Prins Hendrikkade 142 | Tram: Centraal Station | www.deappel.nl | Di–Sa 12–20, So 12–18 Uhr | Eintritt 7 €

ArtZuid C–F 6

In den Sommermonaten werden die großen Alleen im schicken Süden zur Kunstmeile. Dank einer Privatinitiative stehen an den Straßen Skulpturen berühmter Bildhauer. Rund zweieinhalb Stunden dauert der Spaziergang durch diese moderne Kunstgalerie unter freiem Himmel. ArtZuid führt außerdem Besucher in mehreren Sprachen durch das von dem Architekten Hendrik Petrus Berlage entworfene Viertel und erklärt seinen »Plan Zuid«. In diesem städtebaulich interessanten Gebiet sieht man wunderbare Beispiele für die Architektur der Amsterdamer Schule.

Zuid | Apollolaan, Minervalaan, Rooseveltlaan | Metro: Zuid/WTC, Tram: Minervaplein | www.artzuid.nl | Berlage-Tour ab 15 €

Bijbels Museum (Biblisches Museum) E 3

In einem der schönsten Häuser an der Herengracht wird die Geschichte der Bibel lebendig. Objekte aus dem alten Ägypten, das Modell des Tempelberges in Jerusalem und religiöse Objekte aus christlicher und jüdischer Tradition gehören zu der einzigartigen Sammlung.

Centrum | Herengracht 368 | Tram: Spui | www.bijbelsmuseum.nl | Mo–Sa 10–17, So 11–17 Uhr | Eintritt 8 €

Futuristischer Bau: Seit 2012 sind Amsterdams Kinematografie-Museum und das internationale Filminstitut im Eye (▶ MERIAN TopTen, S. 117) untergebracht.

CBK Amsterdam   H 5

Treffpunkt der zeitgenössischen Kunst in der Hauptstadt. Hier gibt es wechselnde Ausstellungen und Amsterdamer können für wenig Geld auch Kunstwerke leihen. Außer Bildern, Skulpturen und Fotos verkauft CBK Amsterdam Design und Schmuck von bekannten Designern, aber auch von neuen Talenten.

Oost | Oranje-Vrijstaatkade 71 | www.cbkamsterdam.nl | Di, Mi, Fr, Sa 11–17, Do 11–20 Uhr | Eintritt frei

Cobra Museum   ▶ Karte S. 133, b 2

Das Museum hat eine imponierende Sammlung von Werken dieser berühmten europäischen Künstlerbewegung aus den Nachkriegsjahren: CoBrA, benannt nach den drei Heimatstädten der Gründer Asger Jorn, Constant, Corneille und Karel Appel – Copenhagen, Brüssel und Amsterdam. Das moderne Cobra Museum zeigt nicht nur ihre Werke, sondern auch Ausstellungen berühmter Zeitgenossen.

Amstelveen | Sandbergplein 1 | Bus: Amstelveen | www.cobra-museum.nl | Eintritt 9,50 €

Eye ⭐   F 1

Seit 2012 ist das spektakuläre Gebäude am Nordufer des Ij die Heimat des Filmmuseums und des internationalen Filminstituts. In den Sälen laufen neue internationale Produktionen, aber auch die großen Klassiker. Die digitalisierte Sammlung des Instituts umfasst die gesamte Filmgeschichte. Zusätzlich werden im Eye auch Ausstellungen gezeigt.

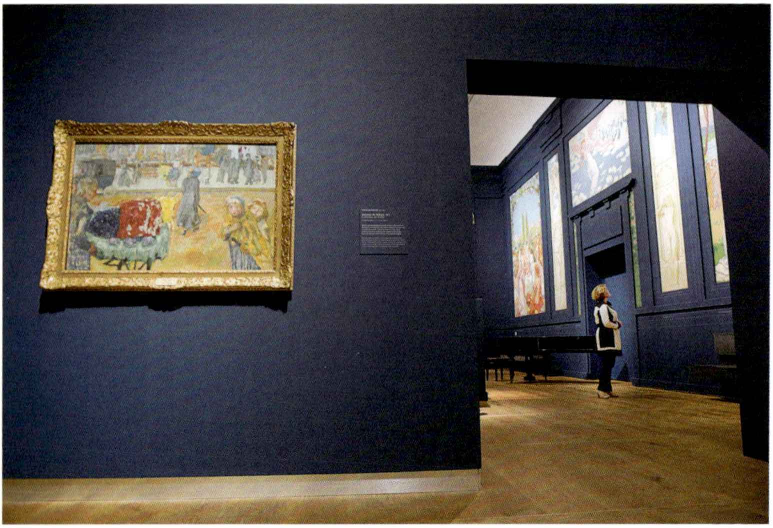

![Russische Geschichte und Kultur stehen im Zentrum der Wechselausstellungen](image)

Russische Geschichte und Kultur stehen im Zentrum der Wechselausstellungen, die die Hermitage (▶ MERIAN TopTen, S. 118) in einem prachtvollen Gebäude an der Amstel präsentiert.

Noord | IJpromenade 1 | Fähre ab Centraal Station: Veer Buiksloterweg | www.eyefilm.nl | So–Do 10–22, Fr, Sa 10–23 Uhr | Eintritt 10 €

Foam ⚑ E 4

Ein Mekka für Fotoliebhaber. Das Foam zeigt nicht nur geniale Werke von berühmten Fotografen, sondern

auch die von jungen Talenten. Fotografen treffen sich hier zum Austausch.
Centrum | Keizersgracht 609 | Tram: Keizersgracht | www.foam.org | Sa–Mi 10–18, Do, Fr 10–21 Uhr | Eintritt 8,75 €

Het Grachtenhuis ⚑ E 3

Banker, Regenten und Fürsten gingen früher in den edlen Gemächern an der Herengracht ein und aus. Im Grachtenhuis sehen Sie, wie die reichen Kaufleute einst wohnten und erfahren in einer Multimediashow alles über den berühmten Grachtengürtel.
Centrum | Herengracht 386 | Tram: Koningsplein | www.hetgrachtenhuis.nl | tgl. 10–17 Uhr | Eintritt 12 €

Hermitage Amsterdam ★   ⚑ F 4

Ein Hauch von Russland an der Amstel. Das ehemalige Wohnstift für alte

Fietsen unterm Rijksmuseum

Welches Museum hat schon einen Fahrradtunnel? Das »Rijks« natürlich, und darauf sind die Amsterdamer stolz. Steigen Sie aufs Rad und radeln Sie unter dem Reichsmuseum hindurch von der alten Stadt bis auf den Museumsplatz (▶ S. 15).

Damen ist heute die einzige Dependance der berühmten Eremitage aus St. Petersburg. Berühmte Kunstwerke und Schätze der Zaren werden hier gezeigt.

Centrum | Amstel 51 | Tram: Waterlooplein | www.hermitage.nl | tgl. 10–17 Uhr | Eintritt 15 €

Hollandsche Schouwburg G 3

Schönheit und Schrecken liegen hier dicht beieinander. In dem einstmals glanzvollen holländischen Theater mussten sich die Juden im Zweiten Weltkrieg zur Deportation versammeln. Die dunkle Geschichte wird heute in dem Museum erzählt.

Centrum | Plantage Middenlaan 24 | www.hollandscheschouwburg.nl | tgl. 11–17 Uhr | Eintritt 12 €

Huis Marseille E 3

Das erste Fotografiemuseum von Amsterdam ist spezialisiert auf das Werk zeitgenössischer Fotografen. Schwerpunkte sind die Niederlande, Japan und Südafrika. Das stilvolle Haus aus dem 17. Jh. bildet dafür einen wunderschönen Rahmen.

Centrum | Keizersgracht 401 | Tram: Leidsestraat/Keizersgracht | www.huis marseille.nl | Di–So 11–18 Uhr | Eintritt 8 €

Joods Historisch Museum (Jüdisches-historisches Museum) F 3

Mitten im alten Judenviertel in vier ehemaligen Synagogen erzählt das moderne Museum die jahrhundertealte Geschichte und Kultur der Juden in den Niederlanden. Gemälde, religiöse Objekte, Fotos, Filme und 3-D-Präsen-

Kaffeepause auf der Nemo-Terrasse

Steigen Sie aufs schiefe Dach des Technikmuseums Nemo und genießen Sie bei einem »kopje koffie« und einem Käsebrötchen auf der Terrasse den atemberaubenden Blick auf die Stadt (▶ S. 15).

tationen. Und Kinder können im Haus der Familie Hollander im Kindermuseum mehr über das Judentum erfahren. Anfassen erlaubt.

Centrum | Nieuwe Amstelstraat 1 | Tram: Waterlooplein | www.jhm.nl | tgl. 11–17 Uhr | Eintritt 12 €

Museum Het Schip nördl. D 1

Ein Juwel des Architekturstils der Amsterdame School. Die heute so bewunderten organischen expressionistischen Formen prägten in den 20er-Jahren des vorigen Jahrhunderts den sozialen Wohnungsbau bis hin zur Einrichtung. Das Viertel Spaarndammerbuurt ist in diesem Stil errichtet. Wunderschöner Höhepunkt ist »Das Schiff«. In dem früheren Postamt dieses Komplexes ist nun das Museum.

West | Spaarndammerplantsoen 140 | Tram: Haarlemmerpoort | www.het schip.nl | Di–So 11–17 Uhr | Eintritt 7,50 €

Nemo Science Center G 2

Wie der grün bemooste Bug eines Schiffswracks liegt das Wissenschafts- und Technologiemuseum im Wasser. Ein Entwurf des italienischen Stararchitekten Renzo Piano. Auf den fünf Etagen des Nemo Science Center erleben Sie die faszinierende Welt der Wissenschaft und Technik. Man sieht, spürt, fühlt, hört und riecht sie.

Centrum | Oosterdok 2 | Tram: Centraal Station | www.e-nemo.nl | Di–So 10–17 Uhr | Eintritt 13,50 €

Pianola Museum D2

Musik aus Omas Zeiten. Mitten im Jordaan steht eines der kleinsten Museen Amsterdams. Man sieht und hört die über 100 Jahre alten selbst spielenden Instrumente und erfährt, wie sie funktionieren.

🕐 Sonntags gibt es um 12 Uhr immer ein »Koffieconcert«.

Centrum | Westerstraat 106 | Tram: Marnixplein | www.pianola.nl | So 14–17 Uhr | Eintritt 15 €

Rembrandthuis F3

In seiner erfolgreichsten Zeit von 1639 bis 1658 wohnte und arbeitete Rembrandt in diesem stattlichen Herrenhaus. Es wurde ganz im Stil der Zeit wieder eingerichtet. Und es ist so, als würde der Meister jeden Moment zur Tür hereinkommen.

Centrum | Jodenbreestraat 4 | Tram: Waterlooplein | www.rembrandthuis. nl | tgl. 10–18 Uhr | Eintritt 12,50 €

Rijksmuseum D4

Die atemberaubende Kathedrale für Rembrandt wurde gerade traumhaft und teuer restauriert. Ein passender Rahmen für die großen holländischen Meister aus dem Goldenen Zeitalter: Rembrandt, Jan Steen, Vermeer. Durch die verglaste Eingangshalle steigen Sie empor zur Ehrengalerie. Gewölbte Decken, zarte Ornamente, bleiverglaste hohe Fenster, und am Ende strahlt von mitternachtsblauer Wand das Juwel: »Die Nachtwache«. Und es gibt noch viel mehr: Porzellan, Möbel, Schmuck. Da lohnt sich das Warten an der Kasse.

Zuid | Museumstraat 1 | Tram: Hobbemastraat, | Tram: Museumplein, Spiegelgracht | www.rijksmuseum.nl | tgl. 9–17 Uhr | Eintritt 15 €

Het Scheepvaartmuseum (Schifffahrtsmuseum) G3

Schiffe gehören zu Amsterdam wie die Löcher zum Käse. Und hier sind sie zu sehen. Die 500 Jahre ruhmreiche maritime Geschichte von Schlachten, Stürmen, Sklavenhandel und Skorbut wird erzählt. Das Prunkstück für Groß und Klein ist die »Amsterdam«, der Nachbau des stolzen Dreimasters aus dem 18. Jh.

Centrum | Kattenburgerplein 1 | Bus, Tram: Centraal Station | www.het scheepvaartmuseum.nl | tgl. 9–17 Uhr | Eintritt 15 €

Stedelijk Museum (Städtisches Museum) D5

Das Museum für moderne Kunst hat einen leicht gewöhnungsbedürftigen modernen Anbau. »Badewanne«, lästern die Amsterdamer. Doch wenn Sie erst mal drinnen sind, denken Sie garantiert nicht mehr an Schaum und Seife, sondern sagen Wow! Ein grandioser Rahmen für die Werke von Matisse, Andy Warhol und Karel Appel. Im Keller ist Platz für Design und Möbel. Auch ein Superstar: die senfgelbe Rolltreppe.

Zuid | Museumplein 10 | Tram: Van Baerlestraat, Museumplein | www.ste delijk.nl | tgl. 10–18 Uhr, Do bis 22 Uhr | Eintritt 15 €

Tassenmuseum Hendrikje
(Taschenmuseum)  E 4

Nicht nur für Mode-Fans: In den Vitrinen der feinen Villa liegen kleine seidene Beutel, elegante Umhängetaschen, mittelalterliche Brotkästen und hippe Design-Kreationen von heute. Das Privatmuseum hat die größte Taschensammlung der Welt: über 4000 Exponate aus 500 Jahren.

Centrum | Herengracht 573 | Tram: Keizersgracht, Rembrandtplein | www.tassenmuseum.nl | tgl. 10–17 Uhr | Eintritt 9 €

Van Gogh Museum D 4/5

Nirgendwo anders auf der Welt hängen so viele Van Goghs beieinander. Rund 200 Landschaften, Stillleben, Selbstporträts und dazu noch Zeichnungen und Briefe. Und natürlich die berühmten Sonnenblumen. Im Ausstellungsflügel des japanischen Star-Architekten Kisho Kurokawa verschmelzen West und Ost.

Zuid | Paulus Potterstraat 7 | Tram: Van Baerlestraat | www.vangoghmuseum.nl | tgl. 9–17, im Sommer bis 18 Uhr | Eintritt 15 €

Woonbootmuseum D 3

Amsterdamer fahren nicht nur Bötchen, sondern wohnen auch darauf. Fragt sich nur wie. Auf der 100-jährigen »Hendrika Maria«, einem ehemaligen Frachtschiff, können Sie es selbst ausprobieren und beim »kopje koffie« durchs Bullauge auf die Enten schauen.

Centrum | Prinsengracht 296 K | Tram: Elandsgracht | www.houseboatmuseum.nl | März–Okt. Di–So 11–17, Nov.–Feb. Fr–So 10–17 Uhr | Eintritt 3,75 €

Wer das Van Gogh Museum (▶ MERIAN TopTen, S. 121) ganz in Ruhe besichtigen möchte, kann seine Kinder für einen der wöchentlich stattfindenden Kunstworkshops anmelden.

ZU DEN ÖSTLICHEN INSELN –
SKYLINE IM ALTEN HAFEN

*Sie laufen durch das frühere Hafengebiet und erleben die geniale
Kombination von Geschichte und Moderne: Entlang spektakulärer
moderner Architektur und alter Packhäuser, unter rostigen Industrie-
denkmälern und über Grachten des 20. Jh. Und überall haben Sie die
überraschendsten Blicke auf das Wasser, idyllisch und überwältigend.
Entlang der Skyline an den Ufern kehren Sie zurück in die alte Stadt
und kommen da an, wo die maritime Blüte der Stadt begann: auf den
Werften des Goldenen Zeitalters – natürlich auf einer Insel.*

◄ Auf der Insel Borneo (► S. 123) kann man von der Terrasse aus direkt ins Boot steigen.

START Lloydhotel
ENDE Kadijksplein
LÄNGE ca. 8 Kilometer

Sie starten Ihren Spaziergang beim Lloydhotel. Dort begann vor über einhundert Jahren für viele Tausende Niederländer das Abenteuer in eine für sie neue Welt. Dieses Hotel, heute auch Kulturzentrum, war die letzte Station der Auswanderer in der Heimat, bevor sie in die damaligen Kolonien, das heutige Indonesien zogen.

Das östliche Hafengebiet besteht aus mehreren künstlichen Inseln, die Ende des 19. Jh. den Seehafen Amsterdams vor allem für den Handel mit den Kolonien bildeten. Als diese verloren gingen, bedeutete das den Untergang der großen Handelsgesellschaften. Der Hafen verfiel. Sehr lange war das Gebiet Sperrzone, bis die Stadt beschloss, dort Wohnungen zu bauen. Für Star-Architekten aus aller Welt wurde es zur Spielwiese für ihre ehrgeizigen Entwürfe.

Vom Lloydhotel aus gehen Sie nach rechts auf der Oostelijke Handelskade, vorbei am Einkaufszentrum Brasilie. Sie folgen der Straße, die erst in die J.F. Van Hengelstraat und dann in die Ertskade übergeht. Nun sind Sie auf der Insel Sporenburg.

Vorbei am gigantischen Fisch

Sie biegen rechts ab in den Baron G.A. Tindaplein, gleich bei einem massiven hohen Apartmenthaus – dem Wal, The Whale, der niederländischen Architekten De Architecten Cie. Das Gebäude mit dem verrückten Knick im Dach sieht mit seinen grauen Schuppen aus Zink tatsächlich aus wie ein gigantischer Fisch.

Sie passieren den Wal rechts und laufen bis zur Panamakade. Vor Ihnen liegt nun eine bizarre gekrümmte rote Brücke. Das Architektenbüro West 8 hat diese und ihre Schwester-Brücke etwas weiter links entworfen. Es sind die Wahrzeichen der Gegend.

Die Brücke bringt Sie zur nächsten Insel: Borneo, die ihren Namen von der großen berühmten Insel in Indonesien hat. Auf Borneo gehen Sie weiter geradeaus bis zu einer T-Kreuzung und dort rechts auf die Feike de Boerlaan. Der Straße folgen Sie im Halbkreis um einen großen Gebäudekomplex herum, bis Sie nach rechts über einen kleinen Stichweg auf die Borneokade durchstoßen können.

Schauen Sie sich um: Sie sind nun mitten in einem Museum. An dieser Kade liegt ein historisches Schiff neben dem anderen. Die einstigen Frachtkähne wurden zu fantastischen schwimmenden Häusern umgebaut.

Ein Boot statt des Gartens

Sie biegen links auf die Borneokade, das Wasser ist rechts von Ihnen. Bleiben Sie auf dieser wunderbaren Promenade. Am anderen Ufer liegen die alten Packhäuser des früheren Fleischmarkts. Sie umrunden die Landzunge der Insel, bis Sie rechts auf einer Brücke das Wasser überqueren können. Etwas weiter treffen Sie auf die Scheeptimmermanstraat. Nun rechts.

Dies ist die überraschendste Gegend der Insel: Betuchte Amsterdamer durften hier ein Haus nach eigenen Entwürfen bauen, sehr ungewöhnlich für die Niederlande. Denn meistens vergibt die Kommune Wohnungsbauprojekte an Architekten oder Bauunternehmer. Doch hier waren nur Höhe und Breite der Häuser vorgegeben. Das Ergebnis ist eine verblüffend harmonische Gracht. Viel Glas, hohe Räume, verschiedene Wohnebenen. Und statt eines Gärtchens haben die Glücklichen das Wasser vor der Hintertür und natürlich ein Boot.

Sie umrunden nun die zweite Zunge von Borneo. Am Kopf erstreckt sich vor Ihnen der Ausläufer des Ijmeers, rechts gleiten die Frachtschiffe in den Amsterdam-Rhein-Kanal, links sieht man in der Ferne die Lichter der Oranje-Schleusen, die direkt zum Ijsselmeer führen. Sie folgen links der Stuurmankade bis zur zweiten roten Brücke. Diese Pythonbücke, die sich wirklich über das alte Hafenbecken schlängelt, ist sehr spektakulär. Doch leider nichts für Menschen, die schlecht zu Fuß unterwegs sind. Der steile Aufstieg lohnt sich aber. Von oben haben Sie einen tollen Blick.

Die Babyboomer improvisieren

Nun sind Sie wieder auf Sporenburg. Gehen Sie rechts, immer am Wasser entlang und drehen Sie eine Runde um diese Insel. Hier wohnen viele Künstler. Sie haben das Erdgeschoss zu einem Atelier oder einer Werkstatt umgebaut und durch die Fenster sieht man – zum Glück haben die meisten Amsterdamer ja keine Gardinen – auch so manches witzige Kunstwerk.

Beim Entwurf der Wohngebiete hatten die Stadtplaner keine Grünflächen vorgesehen. Das Wasser sollte als Natur ausreichen. Doch keiner hatte daran gedacht, dass die jungen wohlhabenden Städter auch Familien gründen würden. Es kam zu einem wahren Babyboom. Die Inselbewohner sind glücklicherweise sehr erfinderisch. Jedes Stückchen Grün nutzen sie zum Fußballspielen oder Picknicken, und die Gehwege und Ufer sind ihre Gärten. Im Sommer springen Sie vom Bürgersteig direkt ins Wasser.

Sie sind nun wieder auf der Ertskade und rechts von Ihnen führt eine große Brücke über das Ij: der Verbindingsdam. Der bringt Sie zur folgenden Insel. Aber erst müssen Sie kurz innehalten und den Blick genießen. Viel Wasser, die Wolken türmen sich über der alten Stadt sehr oft zu dramatischen Gebilden auf, und die Möwen schreien. Fast kann man das Meer schon riechen.

Der Damm verbindet Sporenburg mit der KNSM-Insel, dem Eiland mit der Abkürzung für die Königliche Niederländische Dampfschifffahrtsgesellschaft. Im Gegensatz zu den anderen Inseln stehen hier die alten Hafengebäude noch und bilden einen verblüffenden Kontrast zu den modernen Hochhäusern. Am Ende der Brücke auf der rechten Seite steht ein hübsches altes Wohnhaus aus rotem Backstein: die frühere Kapitänsvilla. Kurz davor führt eine Treppe hinunter ans Wasser.

Hausbesetzer und Jachthafen

Hier an der Levantkade steht links das alte Zollhaus, davor sehen Sie leicht chaotische, aber fröhliche Gärten. Dies ist das Zuhause von Wohngemeinschaften, die zu den ersten Bewohnern der KNSM-Insel gehörten. In den

80er-Jahren hatten junge Leute wegen der großen Wohnungsnot in Amsterdam die alten leer stehenden Hafengebäude besetzt. Die Stadt duldete diese Kraker. Im Laufe der Jahre zogen aber immer mehr Stadtnomaden mit Wohnwagen und Zelten auf das brachliegende überwucherte Gelände. Im neuen Wohnviertel durften die alteingesessenen Hausbesetzer bleiben, doch die neu hinzugekommenen mussten wieder abziehen.

Vor den Fenstern der ersten Kraker liegt heute der Jachthafen der Insel. Kleine und große Segelboote schaukeln lustig auf dem Wasser. Gegenüber wird in einem alten lang gestreckten Schuppen gehämmert und geschliffen. Dort restaurieren Hobbysegler alte Boote oder bauen neue. Ein Blick in diese Werkstatt lohnt sich.

Sie laufen weiter an der Levantkade und bald liegen rechts im Wasser große historische Kähne, oft fantasievoll mit hängenden Gärten bepflanzt. Manche warten allerdings dringend auf ihre Restaurierung.

Links erheben sich nun die überwältigenden Bauten, die die KNSM-Insel bei Architekturfreunden in der ganzen Welt bekannt machten. Nach den Plänen des niederländischen Star-Architekten Jo Coenen entstand hier ein breiter Boulevard in der Mitte, flankiert von hohen Wohntürmen.

Sie laufen vorbei an dem schwarzen, beinahe unnahbaren Koloss Piräus der beiden deutschen Architekten Hans Kollhoff und Christian Rapp, mit einem überraschend intimen Innenhof. 300 Sozialwohnungen und Apartments mit Ateliers sind hier entstanden. Im Erdgeschoss befindet sich das Inselcafé

Kaniss&Meiland. Sie überqueren die schöne Terrasse am Wasser – dort kann man übrigens nicht nur ein leckeres »kopje koffie« bekommen, sondern auch gut essen – und anschließend den vor Ihnen liegenden Fußballplatz.

Das große runde Gebäude auf der linken Seite des Kais ist noch ein Meilenstein der modernen Architektur: Barcelona des belgischen Architekten Bruno Albert. Der kreisförmige Innenhof wird von einem gigantischen schmiedeeisernen Gitter verschlossen, das dennoch fein wie Spitze erscheint. Ein Entwurf der belgischen Künstlerin Narcisse Tordoir.

Vor einem mit Efeu überwucherten orangeroten Haus – auch ein ehemaliges Hafengebäude – gehen Sie nach links und erreichen einen kleinen Platz mit Platanen. Dort steht rechts, am Ende der Insel der heimliche Star des gesamten östlichen Hafengebiets: Emerald Empire von Jo Coenen. Die Eigentumswohnungen in diesem kreisrunden Komplex gehören zu den begehrtesten und teuersten Adressen der Stadt. Kein Wunder bei dieser Aussicht. Die können Sie bewundern, wenn Sie rechts um das Emerald herumlaufen.

Spätestens jetzt wissen Sie, warum dieser Spaziergang auch eine kleine Neid-Tour ist. Aber trösten Sie sich: Die Bewohner müssen den atemberaubenden Blick teuer bezahlen. Sie hingegen haben ihn gratis.

Zeugen der maritimen Geschichte

Nun heißt die Straße Surinamekade, und der folgen Sie, das Wasser immer rechts von Ihnen. Am anderen Ufer sehen Sie die großen Kräne und Docks der Oranje-Werft. Eine der letzten großen Schiffswerften und weltweit bekannt für das Bergen von Schiffen, wie etwa im Jahr 2000, als das russische Atom-U-Boot »Kursk« untergegangen war.

Auch wenn es schwerfällt, sollten Sie nun Abschied vom Wasser nehmen und zwischen zwei Hochhäusern hindurch nach links abbiegen in die Messinastraat. Und dann geht es gleich wieder rechts. Sie sind nun auf dem zentralen Boulevard der Insel, der KNSM-Laan. Hier spielt sich das Leben in den Cafés und Geschäften in den alten Lagerhallen ab. Bei Hausnummer 311, auf der rechten Seite, ist der Kompaszaal. Heute ist es ein wunderschönes Café-Restaurant mit einer traumhaften Terrasse unter einem rostigen Megakran, einem letzten Zeugen der maritimen Geschichte.

Das Haus selbst ist ein Monument. Denn hier kamen noch bis in die 60er-Jahre die großen Passagierschiffe aus Übersee an. Im Kompaszaal mussten sich die Besucher und Immigranten melden. Dieses Kapitel der Geschichte ist im Erdgeschoss des Gebäudes noch zu sehen.

Über neue Grachten

Sie bleiben auf der KNSM-Laan, gehen immer geradeaus und überqueren dann die breite Sumatrakade (Achtung Straßenbahnen). Der Boulevard wird nun zu einem Fuß- und Fahrradweg – der Bogortuin. Er läuft mitten durch das Wohnviertel hindurch. Sie sind jetzt auf Java.

Links und rechts stehen die modernen Apartmenthäuser mit ihren kleinen Gärten. Auch hier gibt es nicht nur Luxuseigentum, sondern auch sozialen Wohnungsbau.

Der Weg führt Sie bis zu einer Brücke, und da erleben Sie gleich das Charakteristische von Java. Hier gibt es nämlich Grachten und Grachtenhäuser. Ebenso schmal und hoch wie die berühmten großen Schwestern im Zentrum, doch eben neu. Künstler haben die kleinen Brücken gestaltet. Fällt Ihnen auf, dass hier keine Autos und auch fast keine Fahrräder stehen? Die Autos parken an den Ufern Javas oder in unterirdischen Garagen, und für die Räder ist Platz im Erdgeschoss der Häuser.

An einer der schönsten Ecken

Der Weg hat nun immer neue Namen, immer enden sie auf tuin, holländisch für Garten. Und tatsächlich: Es ist grün zwischen den Hochhäusern und überraschend intim. Schauen Sie immer wieder mal nach links. In den hohen Gebäuden haben die Architekten Platz ausgespart, natürliche Fenster, durch die man das Wasser und das andere Ufer sehen kann. Am Wasser an der Vorderseite der Wohnblocks liegen übrigens schöne Cafés mit Aussicht.

Wenn Sie die vierte Gracht überquert haben, öffnet sich der Blick. Sie stehen fast schon mitten im Wasser. Dies ist der Kop van Java. Die Spitze der Insel, eine der schönsten Ecken von Amsterdam und – zum Glück – nicht bebaut. Hier finden oft Freiluftkonzerte und Jahrmärkte statt. Vor allem aber hat man hier den selten freien Panoramablick über Amsterdam und das Ij.

Links betreten Sie nun die Jan-Schaefer-Brücke. Benannt ist sie nach einem sehr populären sozialdemokratischen Politiker, der maßgeblich an der Erneuerung des Hafengebietes beteiligt und für seine frechen Sprüche bekannt war. Hier, mitten auf der Brücke, müssen Sie kurz stehen bleiben und schauen. Die Brücke führt am Ende mitten durch ein altes ehemaligen Kühlhaus. Der Bauunternehmer wollte es abreißen, doch das verhinderten Bürgerproteste. Das Ergebnis: eine Brücke, die mitten durch ein Haus geht.

Gleich rechts daneben sehen Sie ein wunderbar klassisch restauriertes Packhaus und obendrauf eine Reihe futuristischer Glaskuben, die in der Luft zu schweben scheinen. Sie gehören aber zu einem anderen Hochhaus, das an der Straßenseite, also an der Rückseite angebaut wurde. Durch diese geniale Konstruktion konnten die historischen Packhäuser erhalten bleiben und doch Appartements mit Blick aufs Wasser gebaut werden.

Eine majestätische Skyline

Sie verlassen die Brücke und biegen rechts auf die Veemkade ab. Nun können Sie ganz aus der Nähe bestaunen, wie Alt und Neu harmonisch zu einer majestätischen Skyline zusammengefügt worden sind. Wenn Sie etwas Glück haben, dann taucht vor Ihnen plötzlich beim Passenger-Terminal der Bug eines gigantischen Kreuzfahrtschiffs auf.

Sie müssen die Uferstraße aber nach links verlassen und am Terminal vorbei rechts in die große Straße, die Piet Heinkade, abbiegen. Auf ihr bleiben Sie jedoch nicht lange. Denn bald führt rechts eine stählerne Fußgängerbrücke direkt zu dem wunderschönen Muziekgebouw aan 't IJ. Auf der Terrasse der Konzerthalle, die wie ein glä-

serner Würfel über dem Wasser zu schweben scheint, bläst der Wind immer kräftig, und man kann den Frachtschiffen und Segelbooten zuschauen, die direkt vor der historischen Stadt vorbeifahren.

Relaxen beim alten Schlagbaum

Sie verlassen nun dieses neue Amsterdam und umrunden das Hafenbecken vor dem Muziekgebouw vollständig (gehen Sie also nicht wieder über die Brücke zur Straße). Links sind einige Touristengeschäfte und gleich daneben eine Unterführung. Keine Angst, das sieht nur schummrig aus, ist es aber nicht. Nach der Unterführung liegt rechts die bizarr schiefe Kletterwand, »klimmuur«, und links vor Ihnen Hannekes Boom.

Dies ist ein besonderer Treffpunkt für alle Amsterdamer – sehr unkonventionell – zum Essen, Trinken oder einfach Relaxen. Hannekes Boom hat vor allem aber eine reiche Geschichte. Im 17. Jh. war hier eine Art Stadttor, nur eben im Wasser. Abends, wenn die Stadt sich zur Ruhe begab, wurde der Schlagbaum gesenkt und so die Zufahrt für Gesindel und Feinde versperrt. Von der Terrasse des Cafés aus haben Sie auch einen tollen Blick auf die Rückseite des Schifffahrtsmuseums und den davor schaukelnden Dreimaster, die Stadt Amsterdam.

Von Hannekes Boom aus führt eine Brücke rechts zum anderen Ufer. Dort, bei der öffentlichen Bibliothek (übrigens auch ein phänomenales und sehr beliebtes modernes Haus) führt links eine weitere Fußgängerbrücke zu Nemo, dem Technologie- und Wissenschaftsmuseum. Das können Sie gar

Auf der KNSM-Insel ist der beeindruckende Wohnblock Barcelona (▶ S. 126) mit seinem schmiedeeisernen Gitter ein lohnendes Ziel für jeden Architekturliebhaber.

nicht verfehlen. Das grüne Gebäude des italienischen Stararchitekten Renzo Piano ragt wie der Bug eines halb untergegangenen Schiffes aus dem Wasser heraus.

Monumente der Blütezeit

Sie überqueren die Brücke und gehen links um Nemo herum bis zum anderen Ufer, dem Oosterdok. Vorbei an den Schiffen des historischen Hafens laufen Sie rechts bis zur Prins Hendrikkade. Diese vierspurige Straße überqueren Sie und gehen geradeaus auf der Schippersgracht. Nach ein paar Metern kommt links die Brücke zum Entrepotdok.

Nun stehen Sie auf den sogenannten Kadijken. Auch dies ist eine Insel, die nach den zwei Deichen Hoogte Kadijk und Laagte Kadijk benannt wurde. Die nur 170 m schmale und knapp 900 m lange Insel wurde im 17. Jh. angelegt, um Werften und Packhäuser errichten zu können. Denn damals war hier noch das Meer, die Zuiderzee. Damast, Tee, Kaffee und Pfeffer, später auch Kohle, die die Schiffe der Vereinigten Oostindischen Compagnie aus dem Fernen Osten mitgebracht, wurden hier gelagert.

Ende des 19. Jh. verloren die Anlagen an Bedeutung und standen leer. Der Hafen von Amsterdam hatte sich immer weiter nach Westen verlagert. Erst vor gut 40 Jahren wurde das Gebiet saniert und die alten Lagerhallen nach und nach zu fantastischen Wohnungen umgebaut. Hier, zwischen den Monumenten der alten Blütezeit der See- und Handelsstadt Amsterdam, endet Ihr Spaziergang.

Muiderslot (▶ S. 134) ist eine der am besten erhaltenen Burgen der Niederlande.

DAS UMLAND
ERKUNDEN

KUNSTSTADT HAARLEM

CHARAKTERISTIK: Haarlem ist reich an Kunst- und Kulturschätzen. Durch seine mittelalterliche Innenstadt mit gemütlichen Cafés und ganz besonderen Geschäften ist es auch eine der beliebtesten Shoppingstädte der Niederlande. Und zum Strand ist es nur ein Katzensprung. **ANFAHRT:** Im 15-Minuten-Takt fahren vom Amsterdamer Hauptbahnhof Züge direkt nach Haarlem; Fahrtzeit 15 Min. **DAUER:** Halbtagesausflug **EINKEHRTIPPS:** De Roemer, Botermarkt 17, Haarlem, Tel. 02 35 32 52 67, www.cafederoemer.nl, €€ | Bloomingdale aan Zee, Zeeweg 94, Bloemendaal aan Zee, Tel. 02 35 73 75 80, www.bloomingdaleaanzee.com, €€€ **AUSKUNFT:** VVV Haarlem, Verwulft 11, Haarlem, www.haarlemmarketing.nl **KARTE:** S. 133, a 1

Wenn Sie Kunst lieben, dann beginnt der Genuss schon im Hauptbahnhof. Denn Sie kommen in einem Bahnhof im reinsten Jugendstil an. Kein Wunder, dass er auch Kulisse für den Hollywood-Film »Ocean's Twelve« war.

Centraal Station ▶ Grote Markt

Sie schlendern in die Altstadt zum Grote Markt. Den hohen Turm der Kathedrale Sint Bavo an dem mittelalterlichen Platz können Sie schon von Weitem sehen, denn er überragt das alte Städtchen an der Spaarne. Am Großen Markt, einst der Ort der Ritterturniere der Grafen von Holland, steht das Prunkstück: das wundervolle Rathaus aus dem Jahre 1250.

Mitten in dieser historischen Schatzkammer treffen Sie auf die Moderne: De Hallen Haarlem, das tonangebende Museum für moderne Kunst, bietet kritischen Künstlern aus dem In- und Ausland eine Plattform.

In den kleinen Sträßchen rund um den Markt begegnen Sie häufig dem charmanten Mix von Alt und Neu: Galerien oder schicke Boutiquen in historischen Häuschen. Und überall finden sich die Spuren der reichen holländischen Geschichte.

Verstreut in der Altstadt liegen 22 der sogenannten »hofjes«. Reiche Kaufleute stifteten im 17. Jh. diese Wohnstätten für arme unverheiratete Frauen. Sie erinnern an Puppenhäuser und sind um einen Garten oder einen Innenhof angelegt.

Grote Markt ▶ Frans Hals Museum

Vom Großen Markt aus ist es nur ein Katzensprung zum Frans Hals Museum. Dieser alte holländische Meister steht zu Unrecht im Schatten seines Kollegen Rembrandt. Dabei war er der Erste, der mit seinen Gruppenporträts und Schützengemälden die Malerei im Goldenen Zeitalter revolutionierte. Das 100-jährige Museum zeigt nicht nur berühmte Werke von Frans Hals, sondern birgt auch zahlreiche andere Kunstschätze jener Zeit.

Frans Hals Museum ▶ Molen De Adriaan

Etwas weiter, direkt an der Spaarne, steht das erste und älteste Museum der Niederlande. Das 1779 errichtete Teylers Museum für Wissenschaft und

Kunst. Und das ist ein Erlebnis. Es führt Sie noch viel weiter zurück in die Vergangenheit: Mineralien, Fossilien, aber auch alte wissenschaftliche Geräte, Münzen und Zeichnungen und natürlich Kunst.

Weitere Höhepunkte: Das ABC Architectuurcentrum und die Molen De Adriaan, eine Museumsmühle. Seit 1778 ragt sie 12 m hoch über der alten Festung. Von ihrem Dach aus haben Sie eine fantastische Aussicht über die Stadt.

Für einen Shopaholic ist Haarlem der Himmel auf Erden. Mode, Kochen, Design – Haarlem bietet eine so reiche Auswahl an besonderen Geschäften, dass auch die Amsterdamer gerne beim kleinen Nachbarn um die Ecke einkaufen.

Centraal Station ▸ Bloemendaal

Wenn Sie Zeit mitgebracht haben, dann steigen Sie doch am Bahnhof in den Bus 81 Richtung Zandvoort. Schon knapp 20 Min. später (Haltestelle Strand) sind Sie an einem der schönsten Strände der holländischen Küste, in Bloemendaal.

INFORMATIONEN

ABC Architectuurcentrum

Haarlem | Groot Heiligland 47 | www.architectuurhaarlem.nl | Di–Sa 12–17, So 13–17 Uhr | Eintritt frei

Frans Hals Museum

Haarlem | Groot Heiligland 62 | www.franshalsmuseum.nl | Di–Sa 11–17, So 12–17 Uhr | Eintritt 12,50 €

Molen De Adriaan

Haarlem | Papentorenvest 1a | www.molenadriaan.nl | März–Okt. Mo, Mi, Do, Fr 13–16, Sa, So 10–16 Uhr, Nov.–Feb. Mo, Fr 13–16, Sa, So 10–16 Uhr | Eintritt frei

Teylers Museum

Haarlem | Spaarne 16 | www.teylermuseum.nl | Di–Sa 10–17, So 12–17 Uhr | Eintritt 11 €

ROMANTISCHE FESTUNG MUIDEN

CHARAKTERISTIK: Diese Radtour führt Sie entlang des romantischen Flüsschens Vecht auf alte Landgüter und durch kleine Dörfer bis zur alten Festung Muiden mit seinem wuchtigen Schloss. **ANFAHRT:** Vom Amsterdamer Hauptbahnhof fahren ständig Züge nach Weesp. Dort können Sie direkt am Bahnhof ein Fahrrad mieten. Ab 7,50 Euro pro Tag. **DAUER:** Tagesausflug **EINKEHRTIPPS:** Café Ome Ko, Herengracht 71, Muiden, Tel. 02 94 26 23 33, www.cafeomekomuiden.nl, €€ | Het Wapen van Nigtevecht, Dorpsstraat 100, Nigtevecht, Tel. 02 94 25 13 44, www.het

 wapenvannigtevecht.nl, €€ **AUSKUNFT:** VVV Weesp, Hoogstraat 10, WEESP, www.vvvgooivecht.nl

KARTE: S. 135

Vom Bahnhof Weesp aus radeln Sie durch die Stationsstraat immer an der Vecht entlang Richtung Nigtevecht/Vreeland. Die Route ist sehr gut ausgeschildert. Links von Ihnen schlängelt sich der romantische Fluss durch eine holländische Bilderbuchlandschaft.

Vor gut 400 Jahren zogen große Kähne von hier aus nach Amsterdam, beladen mit Sand, um die Grachten zu bauen. Auf ihrem Rückweg nahmen die Schiffer die schmutzige Wäsche der Kaufleute mit, die dann in den Häusern am Ufer gewaschen wurde. Die malerische Gegend vor den Toren der Stadt ist bis heute ein attraktiver Wohnort für viele prominente und wohlhabende Amsterdamer. Im ehemaligen Fischerdorf Nigtevecht setzt Sie eine Fähre ans andere Ufer über. Von der Dorpsstraat aus führt links ein Weg zum Adri Ameszpark und zum Anleger.

Nigtevecht ▶ Muiden

Sie fahren nun auf der östlichen Seite der Vecht zurück gen Norden. Der Fluss schlängelt sich durch ein Seen- und Poldergebiet mit Mühlen und Weiden bis nach Muiden. Beim Dorf Uitermeer tauchen links von Ihnen über dem Wasser die runden Mauern des alten Forts Uitermeer auf.

Sie sind nun in Muiden. Das kleine Festungsstädtchen, angelegt zwischen 1880 und 1920, gehört zum Weltkulturerbe der UNESCO. Das malerische Städtchen liegt direkt am Ausläufer des Ijsselmeeres. Und wie auf einer Halbinsel erhebt sich die mittelalterliche Wasserburg Muiderslot. Mit ihren fünf wuchtigen Türmen, Schießscharten und einer Zugbrücke scheint sie im Märchen zu stehen.

Muiden ▶ Weesp

Von Muiden sind es nur ein paar Kilometer zurück bis nach Weesp. Der Weg führt unter der Autobahn hindurch entlang der Vecht bis in das charmante Städtchen, das übrigens auch eine alte Festung besitzt.

INFORMATIONEN

Muiderslot

Muiden | Herengracht 1 | www.muiderslot.nl | 30. März–31. Okt. Mo–Fr 10–17, Sa, So 12–17 Uhr, 1. Nov.–30. März Sa, So 12–17 Uhr | Eintritt 12,50 €

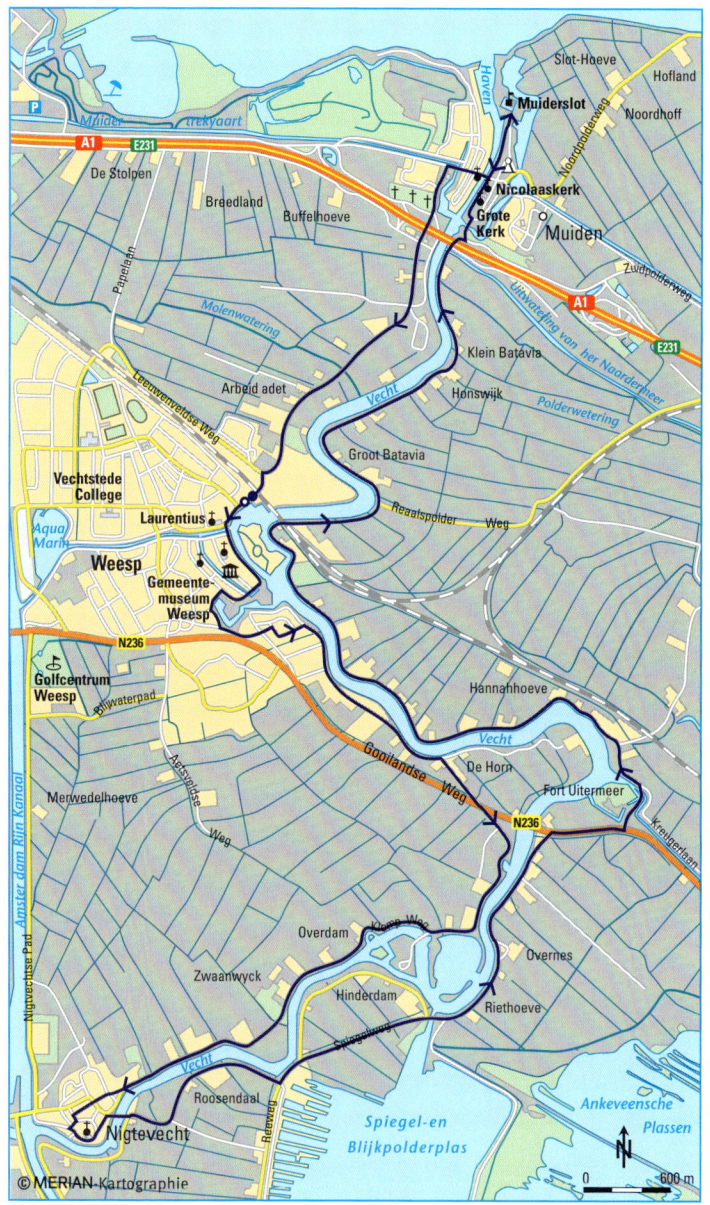

AMSTERDAM
ERFASSEN

Typisch für Amsterdam sind, neben den
Grachten, Häuser mit schmalen Fronten.

AUF EINEN BLICK

Hier erfahren Sie alles, was Sie über die niederländische Hauptstadt Amsterdam wissen müssen – kompakte Informationen über Land und Leute, von Bevölkerung und Sprache über Geografie und Politik bis Religion und Wirtschaft.

BEVÖLKERUNG

Mit 180 Nationalitäten ist Amsterdam eine der gemischtesten Städte der Welt. Nur jeder zweite Einwohner ist ein angestammter Niederländer. Die größte Gruppe der Zuwanderer, etwa 35 %, kommt aus nicht-westlichen Staaten, wobei die Bürger aus der ehemaligen Kolonie Surinam und aus Marokko zahlenmäßig die stärksten Gruppen bilden. 15 % der Bevölkerung stammen aus Mitgliedsstaaten der EU, den USA und Kanada. Amsterdam ist auch eine relativ junge Stadt: Jeder zweite ist jünger als 35 Jahre. Nur 10 % der Amsterdamer sind im Rentenalter.

LAGE UND GEOGRAFIE

Amsterdam liegt in der Provinz Noord-Holland im Westen der Niederlande und ist die größte Stadt des Ballungsgebiets Randstad, das auch Utrecht, Den Haag und Rotterdam umfasst. Der Fluss Amstel fließt vom Süden durch die Stadt und endet im See Ij im Norden. Durch den 21 km langen Noordzeekanaal von Ijmuiden im Westen der Niederlande bis zum Ij ist Amsterdam

◀ Grachtenhäuser als Kühlschrankmagneten. Sie zeigen die Vielfalt Amsterdams.

mit der Nordsee verbunden. Das Ij war bis zu Beginn des 20. Jh. eine Bucht der Zuiderzee. Dieses Meer wurde vor 80 Jahren eingedämmt. Über die Oranje-Schleusen (Oranjesluizen) im Osten ist Amsterdam direkt mit dem Ijsselmeer verbunden. Durch die Nähe zum Meer herrscht in Amsterdam ein gemäßigtes Meeresklima, wobei die Temperaturen im Winter selten unter dem Gefrierpunkt liegen.

POLITIK UND VERWALTUNG

Amsterdam ist die Hauptstadt der Niederlande, aber Den Haag ist Regierungssitz und Residenz des Königs. Die sieben Stadtbezirke haben eine große Autonomie. Doch die zentrale Leitung liegt beim Gemeinderat (Stadtparlament) sowie der Stadtregierung aus Beigeordneten und Bürgermeister, dem Sozialdemokraten Eberhard van der Laan (Ende 2013). Amsterdam ist traditionell eine linke Stadt. Die sozialdemokratische Partei ist mit gut einem Drittel der Stimmen weitaus stärkste Partei. Zurzeit regiert sie in einer Koalition mit den Rechtsliberalen und den Grünen.

RELIGION

Die Säkularisierung, die in den 60er-Jahren des vorigen Jahrhunderts einsetzte, hat vor allem in Amsterdam ihre Spuren hinterlassen. Deutlich mehr als die Hälfte der Einwohner gehört keiner Religion an. Mit 16 % ist das Christentum die stärkste Religionsgemeinschaft. Dabei gibt es mehr Katholiken als Protestanten, und das in der Stadt, in der

die reformierte Kirche jahrhundertelang offiziell Staatskirche war. Durch den Zuzug von Migranten vor allem aus Marokko stieg der Anteil der Muslime. Wegen der vielen Nationalitäten gibt es eine unüberschaubare Zahl von kleinen Kirchen und Gruppierungen.

SPRACHE UND WIRTSCHAFT

Niederländisch ist zwar die Amtssprache der Stadt, doch Englisch wird immer mehr zur Geschäftssprache. Durch die Großbanken, Versicherungen, die Börse und den großen Finanzidienstleistungssektor ist Amsterdam einer der wichtigsten Finanzstandorte Europas. Er sorgt für rund 30 % aller Arbeitsplätze. Daneben ist der Handel ein großes Standbein der Wirtschaft. Amsterdam ist durch den internationalen Flughafen Schiphol, die zentrale Lage und den viertgrößten Hafen Europas ein wichtiger Umschlagplatz für Waren. Zugleich ist Amsterdam Kultur- und Medienstadt der Niederlande. Jeder zehnte Hauptstädter arbeitet im kreativen Sektor, bei Medien, Verlagen oder Kultureinrichtungen.

AMTSSPRACHE: Niederländisch
BEVÖLKERUNG: 180 Nationalitäten, 50 % Niederländer, 9 % Surinamer, 9 %, Marokkaner, 5 % Türken, 1 % Antillianer, 26 % sonstige
EINWOHNER: ca. 800 000
FLÄCHE: 219 qkm, davon 25 % Wasser
INTERNET: www.iamsterdam.com
RELIGION: 62 % ohne Religion, 13 % Muslime, 7 % Katholiken, 5 % Protestanten, 4 % Freikirchen, 1 % Juden, 8 % sonstige
VERWALTUNG: acht Stadtbezirke
WÄHRUNG: Euro

GESCHICHTE

Amsterdam ist über 1300 Jahre alt. Wasser und Handel prägten die Stadt. Stolze Seefahrer, pragmatische Kaufleute und eigensinnige Bürger schufen die Basis für Offenheit und Toleranz. Das große Trauma: die deutsche Besatzung im Zweiten Weltkrieg.

14. Jh. Zoll-Privileg

Das sogenannte Zoll-Privileg war die Basis der Entwicklung Amsterdams von einem kleinen Fischerdorf zu einer Weltmetropole: Im 14. Jh. erhielt Amsterdam das Recht der zollfreien Fahrt auf den holländischen Gewässern und konnte auf diese Weise zu sehr günstigen Preisen Handel treiben. Am Ende des 15. Jh. ging es dann rasant aufwärts. Reiche jüdische Kaufleute aus Antwerpen und aus Portugal flohen in die Stadt mit der relativ großzügig gehandhabten Religionsfreiheit. Sie verfügten nicht nur über Kapital, sondern auch über ausgezeichnete internationale Handelskontakte. Unter anderem mit dem Geld der Antwerpener Juden wurden die ersten Handelsreisen nach Asien finanziert.

1578 Alteratie

Am 25. Mai 1578 wurde Amsterdam endgültig zu einer protestantischen Stadt. Die katholische Stadtregierung wurde nach einer unblutigen Revolution in der Alteratie von Amsterdam abgesetzt. Kirchen und Klöster wurden protestantisch, und den Katholiken war es von nun an verboten, öffentlich ihren Glauben zu leben. Lange hatte Amsterdam sich dem Fürsten Willem van Oranien und den übrigen Niederlanden im Kampf gegen die spanischen und katholischen Herrscher nicht anschließen wollen. Der Druck auf die

um 1000

1275

um 1300

Amsterdam bekommt Stadtrechte.

An der Amstel entsteht die erste Siedlung.

Graf Floris V. verleiht Amsteldam Zollfreiheit auf den Gewässern Hollands.

Stadt wurde aber zu groß, als andere holländische Städte drohten, den Handel zu übernehmen.

17. Jh. Goldenes Zeitalter

1602 gründeten Amsterdamer Kaufleute die Vereinigte Ostindische Compagnie, die VOC. Die Kaufleute bündelten ihr Kapital und schickten gemeinsam eine Handelsflotte nach Asien. Diese erste Aktiengesellschaft der Welt sollte sich schnell zum ersten multinationalen Konzern der Welt entwickeln.

Die VOC-Schiffe bereisten die Weltmeere bis nach Japan, China und das heutige Indonesien. Sie kamen beladen mit Kaffee, Tee, Gewürzen und kostbaren Stoffen zurück. Die Waren verbreiteten sich von Amsterdam aus über die Wasserwege in ganz Europa. Es war der Beginn eines unglaublichen Wirtschaftsbooms der Stadt: das Goldene Zeitalter.

Auch Kunst und Kunsthandel blühten. Amsterdam wurde zur Kunstmetropole Europas mit den großen Meistern Rembrandt, van Rijn, Jan Steen und Johannes Vermeer.

1613 Grachtengürtel

Das Wirtschaftswunder machte die Stadt auch zu einem Magneten für Zehntausende von Arbeitssuchenden. Die Bevölkerung wuchs im 17. Jh. von 30 000 auf 210 000 Einwohner.

Amsterdam platzte aus allen Nähten. Von 1613–1663 wurde daher in der Stadt der Grachtengürtel angelegt. An den breiten Hauptgrachten entstanden neue Wohnhäuser für die wohlhabenden Kaufleute, an die kleineren Kanäle zogen Handwerker und Arbeiter. 1655 wurde das neue Rathaus, der heutige Palast, eingeweiht.

1795 Napoleon

Ende des 18. Jh. brach der Asien-Handel ein. Kriege mit England und Frankreich blockierten die Handelsrouten. Außerdem sorgte ein Konflikt mit den Oranje-Fürsten, den Stadthaltern der Vereinigten Republik der Sieben Provinzen, für Unruhe.

Schließlich besetzten die französischen Truppen 1795 das Land und bereiteten der jungen Republik ein Ende. Napoleon machte 1806 seinen Bruder Ludwig

1602 Die Vereinigte Ostindische Compagnie, die erste Aktiengesellschaft der Welt, wird gegründet.

1613/9–1642 Rembrandt malt »Die Nachtwache«.

ab 1613 Grachtengürtel und Jordaan werden gebaut.

1640 Bei der letzten Pestepidemie sterben 20 Prozent der Bevölkerung.

zum neuen König von Holland. »Konijn van Olland« soll er selbst gesagt haben. Das Volk brüllte angeblich vor Lachen, denn das heißt: Kaninchen von Holland.

Ludwig machte Amsterdam zur Hauptstadt des Königreiches und residierte im stolzen Rathaus, einst ein Monument der freien Bürgergesellschaft. Mit dem Ruhm der freien Stadt Amsterdam war es vorbei. 1810 wurde er von seinem Bruder zur Aufgabe des Throns gezwungen und das Königreich von napoleonischen Truppen annektiert. Drei Jahre später vertrieben russische und preußische Truppen die Franzosen dann endgültig.

1815 Königreich

Die Regenten der ehemaligen Provinzen bestimmten Willem I. von Oranien zu ihrem neuen Fürsten. Im Jahre 1815 wurde er inthronisiert – das Königreich der Niederlande war geboren. Amsterdam blieb die Hauptstadt, zu seiner Residenz und zum Sitz der Regierung wählte der neue König jedoch Den Haag.

19. Jh. Neue Blüte

Nach der napoleonischen Zeit war der Handel völlig eingebrochen. Die Folgen für die Stadt waren katastrophal. Amsterdam litt unter Armut. Der neue Oranje-König gab der Stadt das Monopol auf den Handel mit den Kolonien, außerdem wurde der Hafen erheblich erweitert. Durch den Bau des Nordseekanals erhielt Amsterdam einen direkten Zugang zum Meer.

Mitte des 19. Jh. kam die Wende. Amsterdam profitierte von der Industrialisierung vor allem in Deutschland. Eisenbahnlinien wurden gebaut, die Dampfschifffahrt sorgte für einen neuen Boom auf den Werften. Und schließlich wurden in Südafrika Diamanten entdeckt, was in Amsterdam zur Blüte der Diamantenindustrie führte. Dank des Handels mit den Kolonien gewann Amsterdam seine Spitzenposition im Welthandel mit Gewürzen zurück.

1917 Plan Süd

Amsterdam wurde erneut zu einem Magneten für Arbeitsmigranten und

1655
Das Rathaus, heute der königliche Palast, wird eingeweiht.

1795
Napoleonische Truppen besetzen die Niederlande.

1813

Die Franzosen werden vertrieben, das Königreich der Niederlande entsteht.

für neue Industriezweige. In weniger als einem Jahrhundert wuchs die Zahl der Einwohner von 180 000 auf 520 000 im Jahr 1900.

Die Stadt brauchte erneut Platz und suchte den im Süden. Zunächst wurden schnell billige Siedlungen hochgezogen wie etwa De Pijp. Doch dann entwickelte sich unter dem Einfluss idealistischer Stadtplaner die Amsterdamse School. Für die Arbeiter wurden großzügige und grüne Viertel angelegt. Kennzeichnend war der sogenannte Plan Süd des Architekten Hendrik Petrus Berlage von 1917, der breite symmetrische Alleen anlegte und moderne helle Wohnhäuser baute.

1940 Deutsche Besatzung

Am 10. Mai 1940 überfielen die Nazis die Niederlande, sechs Tage später marschierten die deutschen Truppen in Amsterdam ein. Die ersten Judenpogrome im Januar 1941 führten zu einem Massenprotest, dem größten in den von Deutschland besetzten Gebieten. Hafenarbeiter riefen am 25. Februar zum Streik gegen den deutschen Besatzer auf, der blutig niedergeschlagen wurde. Der Widerstand organisierte sich, Untergrundzeitungen erschienen, und es wurden Attentate auf Einrichtungen der Besatzer verübt. Doch die meisten Bürger verhielten sich neutral und manche kollaborierten auch. Die Stadtverwaltung fügte sich zum großen Teil dem Willen des Besatzers.

Der Winter 1944/1945 ging in die Geschichte der Stadt als Hungerwinter ein. Als Reaktion auf einen Streik der Eisenbahner, die die Alliierten unterstützen wollten, hatten die Nazis 1944 ein Lebensmittelembargo verhängt. Als der strenge Winter begann, waren die Vorräte aufgebraucht. 20 000 Menschen starben.

Materiell hatte Amsterdam nur wenig unter dem Krieg gelitten. Es wurde kaum gekämpft, und es gab keine großen Bombenangriffe. Und doch war der Zweite Weltkrieg die größte Tragödie der Stadt. Rund 110 000 Amsterdamer wurden ermordet oder starben an den Folgen von Hunger oder Krankheit. Darunter waren 75 000 Juden, die

Amsterdam wird Hauptstadt der Niederlande.

Deutsche Truppen marschieren in Amsterdam ein.

1940

1815

1824

Der Noordhollandsch Kanal wird eingeweiht, Amsterdam bekommt direkte Verbindung zur Nordsee.

1945

Kanadische Truppen befreien Amsterdam von der deutschen Besatzung.

in den Konzentrationslagern ermordet wurden – ein Zehntel der Bevölkerung.

1942 Anne Frank

1933 emigriert die jüdische Familie Frank aus Frankfurt am Main nach Amsterdam – Vater Otto, Mutter Edith und die Töchter Margot und Anne. In einer hellen Neubauwohnung am Merwedeplein im Süden der Stadt fühlen sie sich wohl. Anne besucht die nahe gelegene Montessori-Schule.

Durch den Überfall von Nazi-Deutschland auf die Niederlande und den Einmarsch der deutschen Truppen in Amsterdam ändert sich die Situation für die rund 75 000 Juden in der Stadt dramatisch. Angesichts des zunehmenden Terrors wird ihr Leben unerträglich.

1942 taucht die Familie Frank im Hinterhaus der Firma von Otto Frank an der Prinsengracht unter. Auf engstem Raum lebt sie mit vier anderen Juden in ständiger Angst. Treue Mitarbeiter Otto Franks versorgen sie. Anne führt Tagebuch, ein Geschenk ihrer Eltern zu ihrem 13. Geburtstag am 12. Juni 1942. Am 4. August 1944 werden sie verraten

und ins KZ Auschwitz deportiert. Anne, ihre Mutter und die Schwester sterben 1945 in den Konzentrationslagern der Nazis. Nur Vater Otto überlebt. Er sollte später das Tagebuch seiner Tochter Anne veröffentlichen.

1960er-Jahre Provo-Proteste

In den 60er-Jahren des vorigen Jahrhunderts war Amsterdam Mittelpunkt großer Unruhen, die vor allem von Studenten initiiert wurden. Die sogenannte Provo-Bewegung wurde zum Symbol des Widerstands gegen die bürgerliche Moral, die Kirchen und gesellschaftliche Strukturen. Studenten besetzten das Universitätsgebäude, Hippies übernachteten auf dem Dam und im Vondelpark. Die »Provos« proklamierten Anarchie.

Zur Randale kam es auch 1966 bei der Hochzeit der damaligen Kronprinzessin Beatrix mit dem aus Deutschland stammenden Prinzen Claus von Amsberg 1966. Demonstranten scherten sich nicht um die feierliche Stimmung und schmissen Rauchbomben am Rande des Festzugs.

1966

Kronprinzessin Beatrix und der aus Deutschland stammende Prinz Claus von Amsberg heiraten.

1972

Der erste Coffeeshop wird eröffnet.

1980

Beatrix wird zur Königin der Niederlande gekrönt.

1972 Coffeeshops

Im Zuge der Proteste in den 60er- und 70er-Jahren nahm auch der Drogenkonsum zu. Die Forderung nach dem legalen Handel mit Drogen wurde immer lauter. 1972 eröffnete der erste Coffeeshop. Es folgten weitere, in denen der Verkauf weicher Drogen staatlich geduldet ist.

2001 Homo-Ehe

Seit den 50er-Jahren hat sich Amsterdam wegen seines relativ liberalen Klimas den Ruf der Hauptstadt der Schwulen und Lesben in Europa erworben – Gay Capital. Als erstes Land der Welt erlaubten die Niederlande 2001 die Eheschließung für homosexuelle Paare. Am 1. April um Mitternacht vollzog der damalige Bürgermeister von Amsterdam, Job Cohen, die weltweit ersten schwul-lesbischen Hochzeiten im Rathaus der Stadt.

2004 Ermordung Theo van Goghs

Durch den Zuzug von ärmeren Zuwanderern vor allem aus Marokko und der Türkei nahmen die sozialen Probleme zu. Immer häufiger prallten die unterschiedlichen Kulturen in Amsterdam aufeinander. Die Stadt hatte diese Probleme jahrelang nicht ernst genug genommen und darauf gehofft, dass sich die Zuwanderer irgendwie von selbst integrieren – wie es in den Jahrhunderten zuvor auch funktioniert hatte.

Doch dieser Hoffnung wurde am 2. November 2004 ein abruptes Ende bereitet, als ein radikaler Islamist den islamkritischen Filmregisseur Theo van Gogh im schicken Amsterdam Watergraafsmeer am helllichten Tage auf offener Straße ermordete.

Doch große Konflikte blieben danach aus und die Rechtspopulisten, die in den folgenden Jahren in den Niederlanden großen Einfluss erringen sollten, bekamen in der Hauptstadt keinen Fuß auf den Boden.

Amsterdam investiert und saniert seitdem die alten Wohnviertel und setzt auch auf soziale Programme für Zuwanderer. Zugleich wird aber bei den sogenannten Störungen der öffentlichen Ordnung härter durchgegriffen.

2001

In Amsterdam gibt es die weltweit erste Hochzeit von Homosexuellen.

2002

Kronprinz Willem-Alexander heiratet Prinzessin Máxima.

2004

Der islamkritische Filmregisseur Theo van Gogh wird ermordet.

2013

Königin Beatrix dankt ab, Willem-Alexander wird König.

KULINARISCHES LEXIKON

A

aalbes – Johannisbeeren
aardappelen – Kartoffeln
aardbeien – Erdbeeren
aperitief – Aperitif
appelsap – Apfelsaft
asperges – Spargel
azijn – Essig

B

baars – Barsch
banket – Konditorwaren
beschuit – Zwieback
biefstuk – Beefsteak
bier, pilsje – Bier
– van de tap – vom Fass
bloemkool – Blumenkohl
boerenkool (bu-) – Grünkohl
bord – Teller
borrel – Schnaps, Umtrunk
borreltijd – Drink nach Feierabend
boter – Butter
boterham – belegtes Brot
bramen – Brombeeren
bronwater – Mineralwasser
brood – Brot
Brussels lof – Chicorée

C

chocolademelk –Kakao

D

dagschotel – Tagesgericht
deegwaren – Teigwaren
diner – (abendl.) Hauptmahlzeit
doorbakken – durchgebraten
drank/drankje – Getränk
drop – Lakritze
druiven – Trauben

E

eend – Ente
erwten – Erbsen

F

forel – Forelle
frambozen – Himbeeren
fruit – Obst

G

garnalen – Garnelen
gebak – Kuchen
gehakt – Hackfleisch
gevogelte – Geflügel
groenten (chruhnten) – Gemüse

H

haantjes – Hähnchen
ham – Schinken
haring – Hering
hoofdgerecht – Hauptgericht

J

jam – Marmelade

K

kaas – Käse
kabeljauw – Kabeljau
kalfsvlees – Kalbfleisch
karbonade – Kotelett
kersen – Kirschen
kip – Huhn
knoflook – Knoblauch
koekjes – Kekse
koffie – Kaffee
koffie met/zonder suiker/melk –
    Kaffee mit/ohne Zucker/Milch
komkommer – Gurke
konijn – Kaninchen

L

lamsvlees – Lammfleisch
lepel – Löffel
lever – Leber
lof – Chicorée

M

makreel – Makrele
mes – Messer
middageten – Mittagessen
mosselen – Muscheln
mosterd – Senf

O

oester – Auster
olie – Öl
ontbijt – Frühstück
ossenhaas – Filetsteak

P

paling – Aal
pannenkoek – Pfannkuchen
patat – Kartoffeln, Fritten
peer – Birne
perzik – Pfirsich
pindakaas – Erdnussbutter
prei – Lauch
pruimen – Pflaumen

R

ribstuk – Rippchen
rijst – Reis
room – Sahne
roomboter – Butter
rundvlees (ründflees) – Rindfleisch

S

sap – Saft
saus – Sauce
schelvis – Schellfisch
schol – Scholle
sinaasappel – Apfelsine
sla – Salat

slagroom – Schlagsahne

snoek – Hecht
snoekbaars – Zander
soep (sup) – Suppe
spa – Mineralwasser
sperziebonen – grüne Bohnen
spruitjes – Rosenkohl
stamppot – Eintopfgericht

T

taart – Torte, Kuchen
tarbot – Steinbutt
thee – Tee
toetje/dessert – Nachtisch
tong – Seezunge
tonijn – Thunfisch

U

uien (euen) – Zwiebeln
uitsmijter – Strammer Max

V

varkensvlees – Schweinefleisch
venkel – Fenchel
vis (fiss) – Fisch
vlees – Fleisch
voorgerecht – Vorspeise
vruchten – Obst

W

water – Wasser
wijn – Wein
wild – Wild
witlof – Chicorée
worst – Wurst
worteltjes – Karotten

Z

zalm – Lachs
zeeduivel – Seeteufel
zeetong (see-) – Seezunge
zout – Salz
zuurkool (sühr-) – Sauerkraut

SERVICE

Anreise

AUTO

Mit dem Auto sind alle Stadtteile gut über die Ringautobahn A10 zu erreichen. Der beste Weg ins Stadtzentrum führt über die sogenannten S-Routen, die auf den Hinweisschildern an der A10 angegeben sind. Allerdings ist Autofahren im Zentrum nicht anzuraten. Die Zufahrtswege sind oft verstopft, die Grachten und Straßen sehr schmal. Außerdem gelten im gesamten Stadtgebiet innerhalb der Ringautobahn hohe Parkgebühren von 4–5 € pro Stunde. Eine Tageskarte kostet ca. 40 €. Auch die Parkhäuser gehören zu den teuersten in Europa. 50 bis 80 Euro pro Tag sind keine Seltenheit.

Am Stadtrand gibt es verschiedene P&R-Plätze, von denen aus man mit öffentlichen Verkehrsmitteln das Zentrum und andere Stadtteile bequem erreichen kann. Kosten: ca. 8 € für 24 Stunden.

BAHN

Amsterdam ist ausgezeichnet mit der Bahn zu erreichen. Außer dem Hauptbahnhof (Centraal Station) gibt es noch mehrere Bahnhöfe im Stadtgebiet. Die internationalen Züge halten am Hauptbahnhof und im Süden, am Bahnhof Amsterdam Zuid/WTC.

FLUGZEUG

Der internationale Flughafen Schiphol liegt etwa 17 km südwestlich des Zentrums. Etwa alle 20 Min. fahren Züge Richtung Hauptbahnhof, Amsterdam Zuid/WTC und Rai (Kongresszentrum). In der Nacht zwischen 1 Uhr und 5 Uhr gibt es einen Zug pro Stunde. Die Fahrtzeit vom Flughafen ins Zentrum von Amsterdam beträgt etwa 20 Min. Tickets gibt es an den gelben Automaten in der Haupthalle des Flughafens. Die Automaten akzeptieren keine Kreditkarten.

Auch von den regionalen Flughäfen wie etwa Eindhoven oder Rotterdam ist Amsterdam gut mit öffentlichen Verkehrsmitteln zu erreichen.

Busse fahren sechs- bis achtmal pro Stunde von Schiphol aus in rund 30 Min. zum Leidseplein im Zentrum. Das Connexxion Amsterdam Tourist Ticket kostet 10 € (Rückfahrkarte).

Eine Fahrt mit dem Taxi in die Innenstadt dauert etwa 30 Min. und kostet rund 40 €. Nehmen Sie aber nur Taxis an den offiziellen Standplätzen und gehen Sie nicht auf Angebote von Fahrern in der Ankunftshalle ein.

Der Connexxion Schiphol Hotel Shuttle fährt direkt zu über 100 Hotels. Tickets gibt es beim Connexxion Desk in der Ankunftshalle Arrival 4, bei der Touristeninformation, Arrival 2, oder auch direkt beim Fahrer. Die Busse halten vor der Ankunftshalle am Stopp A7, folgen Sie den Hinweisschildern Hotel Shuttle.

SCHIFF

Die Kreuzfahrtschiffe legen an dem Passenger Terminal Amsterdam (PTA) östlich des Hauptbahnhofs an. Von hier aus sind es etwa 15 Min. Fußweg, bis Sie im Stadtzentrum sind. Beim Terminal halten auch die Straßenbahnen 25 und 26. Beide Linien fahren Sie ins Zentrum.

Auskunft

IN DEUTSCHLAND, ÖSTERREICH UND DER SCHWEIZ

Niederländisches Büro für Tourismus (NBT)

Postfach 27 05 80 | 50511 Köln | Tel. 00 49/2 21/9 25 71 70 | www.niederlande. de | Mo–Fr 10–13, 15–17 Uhr

IN AMSTERDAM
VVV-vestigingen Amsterdam
Tel. 7 02 60 00 | www.iamsterdam.com
Stadtbüros
– VVV Centraal Station | Centrum | Stationsplein 10 | Tram: Centraal Station | Mo–Sa 9–17, So 10–17 Uhr ⚑ F 2
– VVV Schiphol | Schiphol Plaza, Arrival 2 | Zug: Schiphol (Airport) | tgl. 7– 22 Uhr ▶ Karte S. 133, a 2

Buchtipps

Barbara Beuys: Leben mit dem Feind (Hanser Verlag, 2012) Amsterdam unter deutscher Besatzung 1940 bis 1945.
Annette Birschel: Mordsgouda (Ullstein Verlag, 2011) Als Deutsche unter Holländern.
Jowi Schmitz, Friso Spoelstra: Boat people of Amsterdam (Lemniscaat, 2013) Wer wohnt eigentlich auf all den schönen Hausbooten auf den Grachten? Das Buch stellt 20 Boat people vor: vom Wasseryuppie bis zur alten Schifferfamilie.

– Centrum | Leidseplein 26 | Tram: Leidseplein | tgl. 10–17 Uhr ⚑ D 4

Diplomatische Vertretungen
Deutsches Konsulat ⚑ D 5
Zuid | Honthorststraat 36-38 | Tel. 5 74 77 00

Österreichisches Generalkonsulat ⚑ D 5
Zuid | Honthorststraat 20 | Tel. 5 73 21 21

Schweizerisches Konsulat ⚑ C 5
Zuid | De Lairessestraat 97 | Tel. 7 17 34 16

Feiertage
1. Januar Nieuwjaar (Neujahr)
Paasmaandag (Ostermontag)
Pinkstermaandag (Pfingstmontag)
Hemelvaart (Himmelfahrt)
27. April Koningsdag (Königstag)
4. Mai Totengedenktag
5. Mai Bevrijdingsdag (Befreiungstag)
25./26. Dezember Kerst (Weihnachten)

Geld
Banken sind in der Regel Mo von 13–16 und Di–Fr von 9–16 Uhr geöffnet. Einige Banken im Stadtzentrum haben auch länger auf. Im ganzen Stadtgebiet gibt es zahlreiche Geldautomaten.

I Amsterdam City Card
Die praktische I Amsterdam City Card gibt es für 24, 48 oder 72 Stunden. Sie kostet ab 42 € und gilt als Fahrkarte für den öffentlichen Nahverkehr. Man hat mit ihr freien Eintritt in zahlreichen Museen und bekommt zudem auch noch eine Grachtenrundfahrt sowie zahlreiche Rabatte. Erhältlich an zahlreichen Verkaufsstellen und online.

www.iamsterdam.com, www.amsterdam
ticketshop.nl | 24 Std. 42 €, 48 Std. 52 €,
72 Std. 62 €

Links und Apps

LINKS

www.iamsterdam.com
Website des Touristenbüros.

APPS

9292ov
Für die Reiseplanung mit dem öffentlichen Nahverkehr.
http://9292.nl | für Android und
iPhone | gratis

Annes Amsterdam
Amsterdam während der deutschen
Besatzung und etwa 30 Orte in der
Stadt, die im Leben von Anne Frank
eine große Bedeutung hatten. Gegenwart und Vergangenheit werden sehr
eindrücklich miteinander verbunden.
www.annefrank.org | für Android und
iPhone | gratis

I Amsterdam City Guide App
Karten und Tipps für Restaurants, Cafés, Attraktionen und Museen.
www.iamsterdam.com | für Android
und iPhone | gratis

Museum App
Informationen über die Sammlungen
der Museen.
www.museumapp.nl | für Android und
iPhone | gratis

Medizinische Versorgung

KRANKENVERSICHERUNG

Die Vorlage einer europäischen Krankenversicherungskarte (EHIC) ist ausreichend. Zusätzlich empfiehlt sich der
Abschluss einer Auslandskrankenversicherung, da diese Krankenrücktransporte mitversichert.

KRANKENHAUS

AMC Academisch Medisch Centrum
▶ **Karte S. 133, b 2**

Zuidoost | Meibergdreef 9 | Bus: Paasheuvelweg, Metro, Zug: Holendrecht |
Tel. 5 66 91 11 | www.amc.nl

OLVG Onze Lieve Vrouwe Gasthuis
🚩 **G 4/5**

Oost | Oosterpark 9 | Tram: Camperstraat, Beukenweg | Tel. 5 99 91 11 |
www.olvg.nl

APOTHEKEN

Die Apotheken in Amsterdam sind in
der Regel Mo–Fr 8.30–17.30 Uhr geöffnet. Samstags sind sie zumeist geschlossen oder nur für einige Stunden
geöffnet.

Poliklinische Apotheke im AMC
▶ **Karte S. 133, b 2**

24-Std.-Service Apotheke
Zuidoost | Meibergdreef 9 | Bus: Paasheuvelweg, Metro, Zug: Holendrecht |
Tel. 5 66 91 11 | www.amc.nl

Nebenkosten

1 Tasse Kaffee	2,30 €
1 Bier	2,50 €
1 Cola	2 €
Taxifahrt (pro km)	max. 2,08 €
1 l Benzin	ca. 1,77 €
Mietwagen/Tag	ab 45 €

Notruf

Notrufnummer Tel. 112
Ärztlicher Notdienst Tel. 4 27 50 11

Öffnungszeiten

Die Öffnungszeiten sind nicht einheitlich, üblich ist aber 9–18 Uhr, donnerstags bis 21, samstags bis 17, montags

10–18 Uhr. Restaurants schließen in Amsterdam meist gegen 23 Uhr, die Küchen eine Stunde früher. Gasthäuser, Kneipen und Cafés haben gewöhnlich bis 1 oder 2 Uhr morgens geöffnet, in den Nachtcafés geht es in der Regel von 20–2 oder 5 Uhr rund. Im Zentrum haben Läden und Warenhäuser auch sonntags geöffnet (12–18 Uhr), größere Supermärkte Mo–Sa 8–21, So 12–20 Uhr.

Post

Die Briefkästen sind rot. Eine Postkarte nach Deutschland, Österreich und in die Schweiz kostet 0,96 €.

Reisedokumente

Deutsche, Österreicher und Schweizer können mit einem gültigen Reisepass oder Personalausweis (Identitätskarte) einreisen. Kinder benötigen ein eigenes Reisedokument.

Reiseknigge

Coffeeshops: Der Verkauf von kleinen Mengen sogenannter »soft drugs«, Hasch und Marihuana, ist legal in den Coffeeshops. Dort dürfen auch Joints geraucht werden. Doch Vorsicht, das heimische Haschisch gilt als sehr stark.

Kleidung: Amsterdamer sind sehr leger, und auch für die Oper und das Konzert gibt es keinen Dresscode. Alles ist möglich, nur mit der ganz eleganten Garderobe fallen Sie auf. Stöckelschuhe sind auf dem Kopfsteinpflaster in der Innenstadt nicht anzuraten.

Trinkgeld: Ist im Prinzip im Preis enthalten, erwartet werden aber rund 5 %.

Siezen/Duzen: Vom Sie zum Du geht es meistens sehr schnell. Fremde werden meistens gesiezt, doch bieten Amsterdamer auch Unbekannten schnell das Du an. Gute Bekannte begrüßen sich mit drei Wangenküsschen: links, rechts, links.

Rauchen: Ist in allen öffentlichen Gebäuden und auch in Kneipen und Restaurants verboten. Einige Cafés und Restaurants haben Raucherräume, »rookruimtes«.

Fotografieren: Ist im Prinzip überall gestattet, doch im Rotlichtviertel ist es unerwünscht. Die Prostituierten wollen das nicht und können das auch sehr offensiv deutlich machen.

Sprache: Es ist ein weit verbreitetes Missverständnis, dass Niederländer im

Klima (Mittelwerte)

	Januar	Februar	März	April	Mai	Juni	Juli	August	September	Oktober	November	Dezember
Tages-temperatur	5	5	9	13	17	20	22	22	19	14	9	6
Nacht-temperatur	1	1	3	6	9	12	15	15	12	8	5	2
Sonnen-stunden	2	3	4	6	7	7	6	6	5	3	2	1
Regentage pro Monat	14	11	9	9	9	9	11	11	12	12	14	13

Allgemeinen gut Deutsch sprechen. Viele reden nicht gern Deutsch aus Angst, Fehler zu machen. Am besten spricht man sie auf Englisch an.

Reisezeit

Das gemäßigte Seeklima Amsterdams weist Ähnlichkeit mit dem deutscher Städte in vergleichbarer Lage auf. Die Wintermonate sind relativ mild, aber oft verregnet. Im Sommer steigen die Temperaturen in der niederländischen Hauptstadt selten über 27 °C. Am schönsten sind Amsterdam und Umgebung im Mai, Juni und August, mit angenehmen Temperaturen, viel Sonne und verhältnismäßig wenig Regen. Über Ostern und Pfingsten, zwischen Juni und Sept. sowie an Weihnachten und Silvester/Neujahr hat Amsterdam Hochsaison.

Sicherheit

Amsterdam gilt als sehr sichere Stadt. Allerdings gibt es viele Taschendiebe, besonders an beliebten Touristenorten wie dem Rotlichtviertel, den Haupteinkaufsstraßen und an den Bahnhöfen. Polizei (Diebstahl und andere Fragen) Tel. 09 00-88 44

Stadtführungen

FAHRRADTOUREN

Yellow Bike   E2

Die Firma Yellow Bike organisiert Rad-Führungen (aber auch Spaziergänge) zu den touristischen Hotspots und auch zu eher unbekannten Ecken. Fahrräder werden zur Verfügung gestellt. Reservierung empfohlen. Centrum | Nieuwezijds Kolk 29 | www. yellowbike.nl | tgl. 9.30–18 Uhr | Tour ab 21 €

GRACHTENRUNDFAHRT

Canal Bus   E4

Der Canal Bus dient zur Stadtrundfahrt und als Transportmittel. Mit einem 24-Stunden-Ticket kann man Boote auf allen vier Strecken benutzen und an 20 Haltestellen zu- oder aussteigen. An Bord wird man über die Grachten und Sehenswürdigkeiten informiert. Reservierung ist nicht nötig. Centrum | Weteringschans 26 | www. canal.nl | 18 €/Tag, 19,80 €/24 Std., 29,70 €/48 Stunden

STADTFÜHRUNGEN ZU FUSS

Architour   C3

Unter Leitung von sehr kundigen Architekturexperten kann man die besonderen Baustile im Zentrum in und den Stadtteilen auf informative und unterhaltsame Weise kennenlernen. West | Wenslauerstraat 16 | www.archi tour.nl | Preis und Infos auf Anfrage: info@architour.nl

Gilde Amsterdam   E3

Keiner kennt Amsterdam so gut wie die Amsterdamer. Die Führer der Gilde zeigen ihre Stadt kundig und erzählen dabei noch sehr persönlich echte Amsterdamer Geschichten. Centrum | Kalverstraat 92 | www.gilde amsterdam.nl | Infobüro Mo–Do 10–15 Uhr | 7,50 €

Strom

Die Stromspannung beträgt 220 V, Adapter sind nicht nötig.

Telefon

VORWAHLEN

D, A, CH ▸ Niederlande 00 31
Niederlande ▸ D 00 49

Niederlande ▶ A 00 43
Niederlande ▶ CH 00 41
Amsterdam 0 20

Verkehr

AUTO

Amsterdam ist eine Fahrradstadt, mit dem Auto ist die Innenstadt schlecht zu erreichen. Es gilt rechts vor links. Diese Regel besteht auch für Radfahrer, Mopeds, Reiter und Kutschen. Die Alkoholgrenze liegt bei 0,5 Promill und es gibt eine Anschnallpflicht. Ein Sicherheitsabstand zu Radfahrern ist zu beachten.

FAHRRAD

Das Radwegenetz ist sehr gut ausgebaut. Radwege sind meist rot gekennzeichnet oder deutlich mit einem weißen Streifen von der Straße getrennt. Vorsicht: Sie dürfen auch von Mofas benutzt werden. Einbahnstraßenregelungen gelten oft nicht für Radfahrer. Auf den Radwegen herrscht gewöhnlich ein hohes Tempo. Daher sollten Fußgänger nicht nur auf Autos, sondern auch auf den Radverkehr achten. Es gibt überall in Amsterdam Möglichkeiten, ein Fahrrad zu mieten, was etwa 8 bis 12 € pro Tag kostet. Im Stadtgebiet und an allen Bahnhöfen findet man kostenlose Abstellplätze. An zentralen Plätzen sind die Parkplätze für Räder zudem ausgeschildert. Räder, die nicht in markierten Zonen stehen und den Verkehr behindern, können in Amsterdam abtransportiert werden. Alle falsch geparkte Fahrräder kann man im Fietsdepot (Bornhout 8, Westelijk Havengebied) abholen. Unter www. amsterdam.nl/parkeren-verkeer/fiets/ fietsdepot gibt es Infos.

MIETWAGEN

Die großen internationalen Verleihfirmen haben Büros im Stadtgebiet und am Flughafen Schiphol.

ÖFFENTLICHE VERKEHRSMITTEL

Amsterdam hat ein ausgezeichnetes öffentliches Nahverkehrsnetz mit Bussen, Straßenbahnen und Metro. In allen Verkehrsmitteln (im ganzen Land!) gilt die sogenannte OV-Chipkaart. Diese Karte ist an den Automaten oder Schaltern in Bahnhöfen, am Flughafen, aber auch in Supermärkten und Tabakläden erhältlich.

Es gibt aufladbare Karten, die vier bis fünf Jahre gültig sind und ab 7,50 € kosten. Auf ihnen kann man wie bei einer Geldkarte den Saldo erhöhen. Daneben gibt es OV-Chipkarten mit ein- oder mehrtätiger Gültigkeit. Beim Fahrer/Schaffner kann man auch eine Karte kaufen, die nur eine Stunde gültig ist. Die Chipkarte muss man sowohl beim Einsteigen als auch Aussteigen an einen Scanner halten, um ein- bzw. auszuchecken.

Das Amsterdam Region Day Ticket ist eine 24-Stunden-Fahrkarte für den öffentlichen Nahverkehr im Großraum Amsterdam und kostet 13,50 €. Einen Tagespass für Straßenbahn, Bus und U-Bahn gibt es für 7,50 €, den Zwei-Tagespass für 12 € und den Drei-Tagespass für 16,50 €,

TAXIS

In den vergangenen Jahren war das Amsterdamer Taxigewerbe in Verruf geraten. An den Standplätzen wird nun streng kontrolliert und die Regeln sind deutlich verschärft worden. Taxis sind an den blauen Nummernschildern zu erkennen. An den Wochenenden fahren aber auch sogenannte Schnorrer (von außerhalb) oder wilde Taxis (ohne blaues Nummernschild) durch die Stadt. Gehen Sie besser nicht auf die Angebote dieser Fahrer ein. Nur die Amsterdamer Taxis dürfen zudem auf den Busspuren fahren. Die Zentrale ist unter Tel. 7 77 77 77 zu erreichen. Der km kostet gut zwei Euro.

Zeitungen und Zeitschriften

Deutsche Zeitschriften und Zeitungen gibt es in den größeren Zeitschriftenläden. Einmal im Monat erscheint das Gratis-Blatt »Uitkrant« mit sehr vielen Veranstaltungstipps. Außerdem enthält die Samstagsausgabe der Tageszeitung »Het Parool« die Beilage PS mit einem Veranstaltungskalender.

Zoll

Reisende aus Deutschland und Österreich dürfen Waren abgabenfrei mit nach Hause nehmen, wenn diese für den privaten Gebrauch bestimmt sind. Neuerdings darf Wein in unbegrenzter Menge aus den meisten EU-Ländern nach Deutschland eingeführt werden. Andere Richtwerte sollten jedoch nicht überschritten werden (z. B. 800 Zigaretten, 10 kg Kaffee). Weitere Auskünfte unter www.zoll.de und www.bmf.gv.at/zoll.

Reisende aus der Schweiz dürfen Waren im Wert von 300 SFr abgabenfrei mit nach Hause nehmen, wenn diese für den privaten Gebrauch bestimmt sind. Tabakwaren und Alkohol fallen nicht unter diese Grenze und bleiben in bestimmten Mengen abgabenfrei (z. B. 200 Zigaretten, 2 l Wein). Weitere Auskünfte unter www.zoll.ch.

Ein- und Ausfuhr von Opiaten ist verboten. Der Zoll kontrolliert in den internationalen Zügen und stichprobenartig an den grenzüberschreitenden Straßen.

Entfernungen (in Minuten) zwischen wichtigen Sehenswürdigkeiten
*Fahrminuten mit der Straßenbahn

	Begijnhof	Centraal Station	Koninklijk Palais	Leidseplein	Magere Brug	Rijksmuseum	Vincent-van-Gogh-Museum	Vondelpark	Westerkerk	Zoologisches Museum
Begijnhof	–	15	6	9	16	7*	8*	8*	10	30
Centraal Station	15	–	7	9*	25	10*	11*	11*	12	20
Koninklijk Palais	6	7*	–	4*	20	8*	9*	20	6	35
Leidseplein	9	9*	4*	–	15	5	7	5	14	25
Magere Brug	16	25	20	15	–	18	2	7	9*	20*
Rijksmuseum	7*	10*	8*	5	18	–	2	7	9*	20*
Vincent-van-Gogh-Museum	8*	11*	9*	7	20	2	–	6	10*	21*
Vondelpark	8*	11*	20	5	25	7	6	–	25	20*
Westerkerk	10	12	6	14	30	9*	25	25	–	18*
Zoologisches Museum	30	20	35	25	14	20*	20*	20*	20*	–

ORTS- UND SACHREGISTER

Wird ein Begriff mehrfach aufgeführt,
verweist die **fett** gedruckte Zahl auf die Hauptnennung.
Abkürzungen: Hotel [H] · Restaurant [R]

Erlesene Ziele

Auf den Spuren berühmter Persönlichkeiten

MERIAN

Die Lust am Reisen

Liebe Leserinnen und Leser,

vielen Dank, dass Sie sich für einen Titel aus unserer Reihe MERIAN *momente* entschieden haben. Wir wünschen Ihnen eine gute Reise. Wenn Sie uns nun von Ihren Lieblingstipps, besonderen Momenten und Entdeckungen berichten möchten, freuen wir uns. Oder haben Sie Wünsche, Anregungen und Korrekturen? Zögern Sie nicht, uns zu schreiben!

Alle Angaben in diesem Reiseführer sind gewissenhaft geprüft. Preise, Öffnungszeiten usw. können sich aber schnell ändern. Für eventuelle Fehler übernimmt der Verlag keine Haftung.

© 2014 TRAVEL HOUSE MEDIA GmbH, München
MERIAN ist eine eingetragene Marke der GANSKE VERLAGSGRUPPE.

TRAVEL HOUSE MEDIA
Postfach 86 03 66
81630 München
merian-momente@travel-house-media.de
www.merian.de

Alle Rechte vorbehalten. Nachdruck, auch auszugsweise, sowie die Verbreitung durch Film, Funk, Fernsehen und Internet, durch fotomechanische Wiedergabe, Tonträger und Datenverarbeitungssysteme jeglicher Art nur mit schriftlicher Genehmigung des Verlages.

BEI INTERESSE AN MASSGESCHNEIDERTEN MERIAN-PRODUKTEN:
Tel. 0 89/4 50 00 99 12
veronica.reisenegger@travel-house-media.de

BEI INTERESSE AN ANZEIGEN:
KV Kommunalverlag GmbH & Co KG
Tel. 0 89/9 28 09 60
info@kommunal-verlag.de

1. Auflage

VERLAGSLEITUNG
Dr. Malva Kemnitz
REDAKTION
Anne-Katrin Scheiter
LEKTORAT
bookwise, München
BILDREDAKTION
Susann Jerofsky
SCHLUSSREDAKTION
Gisela Wunderskirchner
HERSTELLUNG
Bettina Häfele, Katrin Uplegger
SATZ/TECHNISCHE PRODUKTION
bookwise, München
REIHENGESTALTUNG
Independent Medien Design, Horst Moser, München (Innenteil), La Voilà, Marion Blomeyer & Alexandra Rusitschka, München und Leipzig (Coverkonzept)
KARTEN
Gecko-Publishing GmbH für MERIAN-Kartographie
DRUCK UND BINDUNG
Firmengruppe APPL, aprinta Druck, Wemding

Ein Unternehmen der
GANSKE VERLAGSGRUPPE

BILDNACHWEIS
Titelbild (Keizers- und Leidesegracht), Schapowalow: SIME/M. Rellini
Adbogaard.nl 33 | Amsterdam Museum Schuttergalerij: R. de Bruijn 15 | Bildagentur Huber: Kremer 6 | Corbis: P. Adams 138, Atlantide Phototravel 78, K. Su 136/137 | Dorling Kindersley 98 | dpa Picture-Alliance: Arthur F. Selbach 26 | O. Fourniguet 102 | gemeinfrei 140, 141 links, 143 | Getty Images 42, 46, 118 | Hotel Notting Hill 25 | Hotel Pulitzer 22 | INTERFOTO: Library of Congress/M. Evans 160 oben | Jahreszeiten Verlag: M. Beckhäuser 91, G. Hänel 13 oben, 13 unten, 14, 16, 20/21, 29, 34, 44, 49, 53, 56 unten, 58, 67 | laif: Hemispheres Images/M. Borgese 2, HOA-QUI/Eyedea/G. M. Grahame 129, Hollandse Hoogte 52, 70, 86, 105, 106, 108, A. Hub 11 oben, Le Figaro Magazine/Gadieu 74, M. Gonzalez 12, 41, 122, M. Gumm 38, REA/J. P. Jans 94, Velden/Hollandse Hoogte 110 | LOOK 63, 84, 121 | mauritius images 4/5, 77, Alamy 50 | Pompstation 18 | Riva 19 | Schapowalow: SIME/A. Armellin 54/55, 114 | Shutterstock: Boris15 160 unten, I. Drusany 141 rechts, T. Fabian 130/131, foto76 30, Lsantilli 144 rechts, M. Markovskiy 142 links, Mauvries 145, Neftali 142 rechts, rook76 144 links, D. van de Water 117 | L. Stulen 57 | M. Visser 56 oben

AMSTERDAM GESTERN & HEUTE

Wie eine Glucke thront die St. Nicolaaskerk über dem ältesten Teil der Stadt, den **Wallen** (▶ MERIAN TopTen, S. 64), direkt am Ufer des Ij. Die Basilika (erbaut 1884–1887) ist dem Schutzpatron der Seeleute und Prostituierten geweiht, dem heiligen Nikolaus, der auch der Schutzheilige von Amsterdam ist. Längst herrscht vor der Kirche nicht mehr buntes Hafentreiben, sondern Großstadttrubel. Doch hinter ihrem schützenden Rücken liegen die Grachten und Gassen – idyllisch wie damals.